AF636990

BENJAMIN GRAHAM
Lehrmeister von Warren Buffett
UND SPENCER B. MEREDITH

Wie man Unternehmenszahlen liest

Die klassische Edition von 1937

Börsenbuchverlag

Die Originalausgabe erschien unter dem Titel
The Interpretation of Financial Statements
ISBN 0-88730-913-5

Copyright der Originalausgabe 1937: Copyright © 1937 by Estelle Graham und Spencer B. Meredith. Copyright renewed 1965 by Estelle Graham and Spencer B. Meredith. Introduction copyright © 1998 by Michael F. Price. All rights reserved.
Printed in the United States of America. No part of this book may be used or reproduced in any manner whatsoever without written permission except in the case of brief quotations embodied in critical articles and review. For information, address HarperCollins Publishers, Inc., 10 East 53rd Street, New York, NY 10022. Published by arrangement with HarperBusiness, an imprint of HarperCollins Publishers, LLC.
HarperCollins books may be purchased for educational, business, or sales promotional use. For information please write: Special Markets Department, HarperCollins Publishers, Inc., 10 East 53rd Street, New York, NY 10022.

Copyright der deutschen Ausgabe 2020:
© Börsenmedien AG, Kulmbach

Übersetzung: Egbert Neumüller
Covergestaltung: Daniela Freitag
Bildquelle Cover: Shutterstock
Layout und Satz: Sabrina Slopek
Herstellung: Daniela Freitag
Lektorat: Sebastian Politz
Druck: GGP Media GmbH, Pößneck

4. Auflage 2023

ISBN 978-3-86470-679-0

Alle Rechte der Verbreitung, auch die des auszugsweisen Nachdrucks, der fotomechanischen Wiedergabe und der Verwertung durch Datenbanken oder ähnliche Einrichtungen vorbehalten.

Bibliografische Information der Deutschen Nationalbibliothek:
Die Deutsche Nationalbibliothek verzeichnet diese Publikation in der Deutschen Nationalbibliografie; detaillierte bibliografische Daten sind im Internet über <http://dnb.d-nb.de> abrufbar.

BÖRSEN MEDIEN
AKTIENGESELLSCHAFT

Postfach 1449 • 95305 Kulmbach
Tel: +49 9221 9051-0 • Fax: +49 9221 9051-4444
E-Mail: buecher@boersenmedien.de
www.boersenbuchverlag.de
www.facebook.com/plassenbuchverlage
www.instagram.com/plassen_buchverlage

Einführung

Im Frühjahr 1975, kurz nachdem ich meine Laufbahn bei Mutual Shares Fund begonnen hatte, bat mich Max Heine, eine kleine Brauerei zu besichtigen – die F&M Schaefer Brewing Company. Ich werde nie vergessen, wie ich mich mit der Bilanz befasste und darin ein Eigenkapital von circa 40 Millionen Dollar und „immaterielle Vermögensgegenstände" in Höhe von 40 Millionen Dollar entdeckte. Ich sagte zu Max: „Sieht günstig aus. Sie wird deutlich unter ihrem Eigenkapital gehandelt ... eine klassische Value-Aktie!" Max erwiderte: „Schau dir das mal genauer an!"

Ich sah mir die Anmerkungen und die Abschlüsse an, aber daraus ging nicht hervor, woher die Zahl für die immateriellen Vermögensgegenstände kam. Ich rief den Finanzdirektor von Schaefer an und sagte: „Ich schaue mir gerade Ihre Bilanz an. Können Sie mir sagen, worauf sich die 40 Millionen Dollar an immateriellen Vermögensgegenständen beziehen?" Er entgegnete: „Kennen Sie nicht unseren Jingle, ‚Schaefer ist das eine Bier, das man trinkt, wenn man mehr als eins trinkt'?"

Das war meine erste Analyse eines immateriellen Vermögensgegenstands, der in diesem Fall natürlich stark übertrieben war; er steigerte den Buchwert und gab einen höheren Gewinn an, als für das Jahr 1975 zutreffend gewesen wäre. Das sollte den Aktienkurs von Schaefer auf einem höheren als ansonsten üblichen Niveau halten. Wir kauften die Aktie nicht.

Wie viele der heutigen Jingles werden in Bilanzen geführt? Milliarden? Oder hat sich daran etwas geändert? Haben Unternehmen wie Coca-Cola, Philip Morris und Gillette immense „immaterielle" Vermögensgegenstände, die sie mittlerweile weltweit verwerten und nicht einmal in ihren Bilanzen führen?

Die vorliegende Neuauflage der klassischen Ausgabe von „Wie man Unternehmenszahlen liest" von Benjamin Graham und Spencer Meredith aus dem Jahr 1937 kommt gerade zur rechten Zeit. Da die buchhalterischen Gepflogenheiten unzulänglich waren und sind und da sie sich im Zuge der Weiterentwicklung der Geschäftswelt ständig verändern, ist es wichtiger denn je, dass sich Durchschnittsanleger (zum Beispiel Geschäftsleute und Lehrer) mit den Grundlagen von Unternehmenszahlen befassen.

Im Jahr 1998 befinden wir uns in einer riesigen Fusions- und Übernahmewelle, die bereits seit 20 Jahren läuft: Die meisten bekannten Großkonzerne kaufen eines oder mehrere andere Unternehmen auf. Dadurch wird es immer schwieriger, die Geschäftsberichte an die Verhältnisse anzupassen. Das Financial Accounting Standards Board (FASB) befasst sich derzeit mit der Frage, ob die „Pooling of Interests"-Methode der Kapitalkonsolidierung bei Übernahmen abgeschafft werden soll; dadurch würde der in der Bilanz geführte Goodwill steigen. Die Pooling-Methode erlaubt es einem Unternehmen, seine Posten mit denen eines fusionierten oder übernommenen Unternehmens zusammenzulegen, ohne den Goodwill auszuweisen. Außerdem schränkt das Pooling Aktienrückkäufe ein, während die Erwerbsmethode der Kapitalkonsolidierung (die andere Bilanzierungsmethode bei einer Fusion oder Übernahme) Rückkäufe zulässt und verlangt, dass jeglicher Goodwill über einen Zeitraum von höchstens 40 Jahren abgeschrieben wird. Die Auflage, den Goodwill in den Büchern zu führen, könnte niedrigere Übernahmeaufschläge und niedrigere Unternehmensbewertungen nach sich ziehen.

Als die beiden Banken Wells Fargo und First Interstate im Jahr 1996 fusionierten, verwendeten sie die Erwerbsmethode, während kürzlich bei der Fusion der Chase Manhattan und der Chemical Bank die Pooling-Methode angewandt wurde. Bei der künftigen Analyse dieser und ähnlicher Fusionen müssen die Konsolidierungsmethoden konsequent beachtet werden. Beispielsweise setzt Wells Fargo einen Teil seines Cashflows für den Rückkauf von Aktien ein, obwohl es bereits jährlich 300 Millionen Dollar an Goodwill abgeschrieben hat, und meldet nun „Bareinkünfte" sowie einen regulären Gewinn nach Abschreibung auf den Gewinn je Aktie. Bei Mutual Shares schauen wir uns in Branchen, in denen viele Fusionen und Übernahmen stattfinden und viel Goodwill geschaffen wird, die „Bareinkünfte" genauer an als den Gewinn nach Abschreibung des Goodwills. Die korrekte Auslegung solcher buchhalterischen Angelegenheiten und der veränderten Verhaltensweisen von Unternehmen seitens der Anleger ist am heutigen schnelllebigen Markt von entscheidender Bedeutung. Benjamin Grahams Grundsatz, immer wieder auf die Abschlüsse zurückzukommen, bewahrt den Anleger vor großen Fehlern, und wenn man keine großen Fehler macht, kann der Zinseszinseffekt seine Wirkung entfalten.

Ob man nun Graham-Schüler, Value-Anleger, Growth- oder Momentum-Anleger ist, kann man wohl zustimmen, dass der Kurs einer Aktie in Beziehung zu ihren Finanzkennzahlen stehen muss. Manchmal ignorieren Anleger grundlegende Zahlen wie den Buchwert, den Cashflow, die Zinsen und diverse Kennzahlen, die grundsätzlich den Wert einer Aktie bestimmen. Vor allem in Zeiten des Überschwangs oder der Angst rücken die Anleger von den fundamental begründeten Methoden der erfolgreichen Geldanlage ab. Wenn Anleger wissen, wie man die grundlegenden Finanzdaten liest, dürfte das ihren Fokus stärken und dadurch kostspielige Fehler vermeiden, und es hilft ihnen auch, die verborgenen Werte der Wall Street aufzudecken.

Die heutigen Unternehmen sind sehr viel globaler als früher. Viele Produkte, die sie weltweit verkaufen, sind das Ergebnis jahrzehntelanger Forschungen und Millionen Dollar an Investitionen in Werbung, und doch weisen die Unternehmen in ihren Bilanzen keine immateriellen Vermögensgegenstände aus, weil sie sich im Marktpreis niederschlagen. Aber wie viel ist der Markt für einen Markennamen zu zahlen bereit, und warum? Steht der Betrag in Beziehung zu den Cashflows, die diese berühmten Produkte produzieren? Den globalen Konzernen gelingt es sehr gut, ihre Markennamen auszunutzen. Fluggesellschaften setzen Computer ein, um optimale Auslastungen zu erzielen. Management-Informationssysteme tragen dazu bei, höhere Gesamtkapitalrentabilitäten als je zuvor erreichen. Wenn sich Unternehmen direkt oder durch Joint Ventures globalisieren, nehmen die wahren Werte der Markennamen Gestalt an.

Anleger, die Konzernabschlüsse verwenden, können ermitteln, welchen Wert der Markt den immateriellen Vermögensgegenständen „Produktname“ und „Markenname“ zuweist.

„Wie man Unternehmenszahlen liest“ wurde erstmals im Jahr 1937 veröffentlicht, kurz nach der Graham-Bibel „Intelligent investieren“ und in einer Zeit, in der die Anleger in Scharen den Aktienmarkt verließen. Da heutzutage das Gegenteil der Fall ist, sollten Anleger ihr Verständnis der Abschlüsse der Unternehmen überprüfen, deren Aktien sie besitzen. Das vorliegende Handbuch geleitet Sie sowohl durch die Bilanz (was ein Unternehmen besitzt und was es schuldet) als auch durch die Erfolgsrechnung, die auch als Ertragsrechnung oder Gewinn-und-Verlust-Rechnung bezeichnet wird (was das Unternehmen verdient). Es enthält auch nützliche Erläuterungen zu anderen Berichten und Kennzahlen sowie ein Glossar häufig verwendeter Begriffe.

Geschäftsberichte, Jahresberichte und Pressemitteilungen über Kosten, Rücklagen und Berichtsrevisionen – um nur einige wenige Themen zu nennen – werden einem durch das vorliegende Buch klarer. Jeder Anleger, ob Anfänger oder alter Hase, dürfte aus dieser Anleitung genauso Nutzen ziehen, wie ich es tat. Wie Benjamin Graham sagte: Man sollte Aktien so kaufen, wie man Lebensmittel auswählt, nicht wie Parfüm. Man sollte sich auf die Fundamentaldaten konzentrieren – wie viel man für das Steak und wie viel man für das Braten bezahlt –, dann dürfte man eigentlich nichts falsch machen.

Ich bin zuversichtlich, dass Sie sich nicht die Finger verbrennen, wenn Sie „Wie man Unternehmenszahlen liest“ immer zur Hand haben.

Viel Glück bei der Geldanlage
Michael F. Price

INHALT

	EINFÜHRUNG	3
	VORWORT	11
Teil I	BILANZEN UND ERTRAGSKONTEN	13
1.	ALLGEMEINES ÜBER BILANZEN	15
2.	SOLL UND HABEN	19
3.	AKTIVA UND PASSIVA	25
4.	KAPITAL UND RÜCKLAGEN	27
5.	ANLAGEVERMÖGEN	31
6.	WERTMINDERUNG UND ABSCHREIBUNG	35
7.	LANGFRISTIGE ANLAGEN	39
8.	IMMATERIELLE VERMÖGENSGEGENSTÄNDE	41
9.	AKTIVE RECHNUNGSABGRENZUNGSPOSTEN I	45
10.	AKTIVE RECHNUNGSABGRENZUNGSPOSTEN II	47
11.	UMLAUFVERMÖGEN	49
12.	LAUFENDE VERBINDLICHKEITEN	53
13.	BETRIEBSKAPITAL	55
14.	LIQUIDITÄT DRITTEN GRADES	59
15.	VORRÄTE	63
16.	FORDERUNGEN	67
17.	BARGELD	69
18.	WECHSELVERBINDLICHKEITEN	71
19.	RÜCKSTELLUNGEN	73
20.	BUCHWERT ODER REINVERMÖGEN	77

21. Berechnung des Buchwerts 79
22. Buchwert von Anleihen und Aktien 81
23. Sonstige Buchwertposten 85
24. Liquidationswert und Nettoumlaufvermögen 87
25. Ertragskraft 89
26. Typisches Ertragskonto eines öffentlichen Versorgungsunternehmens 91
27. Typisches Ertragskonto eines Industrieunternehmens 95
28. Typisches Ertragskonto einer Eisenbahngesellschaft 97
29. Berechnung des Gewinns 101
30. Der Instandhaltungs- und Wertminderungsfaktor 105
31. Die Sicherheit von Zinsen und Vorzugsdividenden 109
32. Trends 111
33. Kurse und Bewertungen von Stammaktien 113
34. Fazit 117

Teil II Analyse einer Bilanz und einer Erfolgsrechnung mithilfe der Kennzahlenmethode ... 119

Teil III Definitionen von Finanzbegriffen 131

Vorwort

Dieses Buch soll Sie in die Lage versetzen, Finanzabschlüsse zu lesen und zu verstehen. Finanzabschlüsse sollen ein zutreffendes Bild vom Zustand eines Unternehmens und seinen Betriebsergebnissen in übersichtlicher Form bieten. Jeder, der mit Unternehmen und Wertpapieren zu tun hat, hat Anlass, Bilanzen und Erfolgsrechnungen zu lesen. Von jedem Geschäftsmann und Anleger wird erwartet, dass er Unternehmensabschlüsse versteht. Für Wertpapierhändler – insbesondere für solche mit Kundenkontakt – ist es unerlässlich, dass sie Abschlüsse analysieren können. Wenn Sie wissen, was die Zahlen bedeuten, haben Sie eine solide Grundlage, um Unternehmen richtig zu beurteilen.

Unsere Vorgehensweise ist so, dass wir nacheinander die Bestandteile behandeln, die in eine typische Bilanz und in eine typische Erfolgsrechnung eingehen. Dabei stellen wir zunächst klar, was mit einem bestimmten Begriff oder Ausdruck gemeint ist, und dann erläutern wir kurz seine Bedeutung für das Gesamtbild. Wann immer möglich, schlagen wir einfache Maßstäbe oder Überprüfungen vor, anhand deren der Anleger ermitteln kann, ob das, was ein Unternehmen in einer bestimmten Hinsicht ausweist, vorteilhaft ist oder nicht. Viel von dem behandelten Stoff mag sehr einfach erscheinen, und tatsächlich ist die Analyse von Finanzabschlüssen eine vergleichsweise einfache Angelegenheit. Doch selbst bei den grundlegenden Aspekten des Themas gibt es Besonderheiten und Fallstricke, die man unbedingt erkennen und gegen die man sich wappnen muss.

Selbstverständlich hängt der Erfolg eines Investments letztlich von künftigen Entwicklungen ab, und die Zukunft lässt sich niemals genau vorhersagen. Aber wenn man präzise Informationen über die Finanzlage eines Unternehmens und seine bisherigen Ergebnisse hat, ist man besser dafür gerüstet, seine künftigen Möglichkeiten einzuschätzen. Und darin liegen die wesentliche Funktion und der wesentliche Wert der Wertpapieranalyse.

Das nun folgende Material wird bei den Kursen in Wertpapieranalyse des New York Stock Exchange Institute eingesetzt. Es eignet sich als Grundlage für das Selbststudium oder als Einführung zu einer ausführlicheren Behandlung des Themas. Am New York Stock Exchange Institute wird dieses Material in Verbindung mit dem fortgeschritteneren Werk „Wertpapieranalyse" von Benjamin Graham und David L. Dodd verwendet.

New York City, den 2. Mai 1937
Benjamin Graham
Spencer B. Meredith

TEIL I

Bilanzen und Ertragskonten

KAPITEL 1

Allgemeines über Bilanzen

Eine Bilanz zeigt, wie ein Unternehmen zu einem bestimmten Zeitpunkt dasteht. So etwas wie eine Bilanz für das Jahr 1936 gibt es nicht, sie kann sich nur auf einen bestimmten Tag beziehen, zum Beispiel auf den 31. Dezember 1936. Eine einzelne Bilanz kann zwar gewisse Hinweise auf die Vergangenheit eines Unternehmens bieten, aber sinnvoll untersuchen lässt diese sich nur mithilfe der Ertragskonten und durch den Vergleich aufeinanderfolgender Bilanzen.

Eine Bilanz versucht, darzustellen, was ein Unternehmen besitzt und was es schuldet. Was es besitzt, steht auf der Seite der Aktiva; was es schuldet, steht auf der Seite der Passiva. Die Aktiva beinhalten die physischen Besitztümer des Unternehmens, Geld, das es besitzt oder angelegt hat, sowie Geld, das ihm geschuldet wird. Manchmal sind auch immaterielle Vermögensgegenstände vorhanden – zum Beispiel Goodwill –, für die häufig willkürliche Werte angegeben werden. Die Summe dieser Posten ergibt die Bilanzsumme des Unternehmens, die ganz unten angegeben ist.

Auf der Passivseite stehen nicht nur die Schulden des Unternehmens, sondern auch seine diversen Rückstellungen und Rücklagen sowie das Aktienkapital oder die Beteiligungen der Aktionäre. Schulden, die im Zuge der üblichen Geschäftstätigkeit gemacht werden, erscheinen als Verbindlichkeiten aus Lieferungen und Leistungen. Ausdrückliche Kreditaufnahmen werden als offene Anleihen oder Wechsel angegeben. Wie später noch gezeigt wird, sind Rückstellungen manchmal mit Schulden gleichzusetzen, haben häufig aber auch einen anderen Charakter.

Die Beteiligung der Aktionäre wird auf der Passivseite als Kapital und Rücklagen angegeben. Man hört häufig, diese Posten würden als Verbindlichkeiten erscheinen, weil sie für Geld stünden, das das Unternehmen seinen Anteilseignern schuldet. Doch vielleicht ist es besser, es so zu sehen, dass die Beteiligung der Aktionäre lediglich die *Differenz* zwischen Aktiva und Passiva darstellt und dass sie nur deshalb auf der Passivseite steht, damit die beiden Seiten einander ausgleichen.

Das heißt, eine typische Bilanz dieser Form:

Aktiva	\$5.000.000	**Verbindlichkeiten**	\$4.000.000
		Kapital und Rücklagen	\$1.000.000
	\$5.000.000		\$5.000.000

bedeutet eigentlich:

Aktiva	$5.000.000
abzüglich Verbindlichkeiten	$4.000.000
Aktionärsanteile	$1.000.000

Somit summieren sich die Aktiva und Passiva in einer Bilanz stets auf den gleichen Betrag, weil Kapital und Rücklagen immer so angegeben werden, dass beide Seiten gleich groß sind.

KAPITEL 2

Soll und Haben

Eine kurze Darstellung der Buchhaltungsmethoden, auf denen Finanzabschlüsse basieren, trägt zu ihrem Verständnis bei. Buchhaltung, Rechnungslegung und Finanzabschlüsse – sie alle basieren auf den beiden gleichen zwei Konzepten: Soll und Haben.

Ein Posten, der ein Bestandskonto vergrößert, heißt Soll oder Aufwendung. Im Gegenzug heißt ein Posten, der ein Passivkonto verkleinert, ebenfalls Soll oder Aufwendung.

Ein Posten, der ein Passivkonto vergrößert, heißt Haben. Im Gegenzug heißt ein Posten, der ein Bestandskonto verkleinert, ebenfalls Haben.

Da Kapital und die diversen Formen von Rücklagen Passivkonten sind, heißen Posten, die diese Konten vergrößern, Haben, und Posten, die sie verkleinern, Soll.

Geschäftsbücher werden nach dem System der „doppelten Buchführung" geführt, gemäß dem jedem Sollposten ein gleich großer Habenposten entspricht. Somit sind die Bücher immer ausgeglichen – die Summe der Aktivkonten ist immer gleich der Summe der Passivkonten.

Der übliche Geschäftsbetrieb eines Unternehmens beinhaltet diverse Ertrags- und Aufwandskonten wie Umsätze, ausgezahlte Löhne und so weiter, die nicht in der Bilanz erscheinen. Diese betrieblichen Konten oder Zwischenkonten werden am Ende der Periode in die Überschussrechnung oder in die Gewinn-und-Verlust-Rechnung (so nennt man die Überschussrechnung, die sich auf Betriebsergebnisse, Dividenden und so weiter bezieht) übertragen (oder „ausgebucht"). Da Ertragsposten Erhöhungen des Überschusses entsprechen, erscheinen sie als Haben- oder Passivkonten. Aufwandsposten, die Abzügen vom Überschuss entsprechen, erscheinen als Soll- oder Aktivposten.

Eine „Rohbilanz" weist alle Konten so aus, wie sie in den Büchern erscheinen, bevor Zwischenkonten oder Betriebskonten in die Erfolgsrechnung ausgebucht werden. Die Summe aller Sollsalden muss der Summe aller Habensalden entsprechen.

Das nun folgende „Arbeitsbeispiel" soll ein nützlicher Hinweis darauf sein, wie die betrieblichen Vorfälle eines Unternehmens in die Bücher eingetragen werden, sich dann in der Rohbilanz niederschlagen und schließlich in die Bilanz aufgenommen werden. (Man darf nicht erwarten, dass die Unternehmensbuchhaltung im Rahmen dieser Darstellung angemessen behandelt werden kann. Deshalb möchte der Leser womöglich das nachfolgende Material um ein gängiges Lehrbuch über Buchhaltung ergänzen oder dadurch ersetzen.)

Zu Beginn des Betrachtungszeitraums wies Unternehmen X in der Bilanz Folgendes aus:

Kasse	$3.000	Gezeichnetes Kapital	$5.000
Vorräte	$4.000	Gewinn- und Verlustrücklagen	$2.000
	$7.000		$7.000

Das Hauptbuch (das Buch, in dem die Konten geführt werden), aus dem obige Bilanz entnommen wurde, würde folgendermaßen aussehen.

Kasse		Vorräte		Gezeichnetes Kapital		G+V-Rücklagen	
S	H	S	H	S	H	S	H
$3.000		$4.000			$5.000		$2.000

Während des Betrachtungszeitraums verkauft es auf Kredit Waren für 3.000 Dollar, die es 1.800 Dollar gekostet haben, und dabei fallen diverse bar bezahlte Kosten von insgesamt 500 Dollar an.

Die ursprünglichen Einträge ins Journal sehen so aus:

S	Forderungen aus LL	$3.000	H	Umsatz	$3.000
S	Umsatzkosten[1]	$1.800	H	Vorräte	$1.800
S	Aufwendungen (diverse Posten)	$500	H	Kasse	$500

[1] In Wirklichkeit werden die Umsatzkosten durch Abzug des Endbestands vom Anfangsbestand plus Zukäufe errechnet. Wir verwenden der Einfachheit halber obigen Posten.

Am Ende des Betrachtungszeitraums werden obige Einträge ins Hauptbuch übertragen und sehen dann so aus:

Kasse		Vorräte[2]		Forderungen aus LL		Umsatz	
S	H	S	H	S	H	S	H
$3.000	$500	$4.000	$1.800	$3.000			$3.000
	$2.500 (auszugleichen)		$2.200 (auszugleichen)				
$3.000	$3.000	$4.000	$4.000				
$2.500	$2.200						

Umsatzkosten		Aufwendungen		Gezeichnetes Kapital		G+V-Rücklagen	
$1.800		$500			$500		$2.000

[2] Siehe vorige Fußnote.

Daraus würde man folgende Rohbilanz „ziehen“:

Kasse	$2.500	**Gezeichnetes Kapital**	$5.000
Vorräte	$2.200	**G+V-Rücklagen**	$2.000
Forderungen aus LL	$3.000	**Umsatz**	$3.000
Umsatzkosten	$1.800		
Aufwendungen	$500		
	$10.000		$10.000

Dann werden die Betriebskonten mithilfe folgender Übertragungsposten in die Erfolgsrechnung „ausgebucht“:

S	Umsatz	$3.000	**H**	Gewinn und Verlust	$3.000
S	Gewinn und Verlust	$1.800	**H**	Umsatzkosten	$1.800
S	Gewinn und Verlust	$500	**H**	Aufwendungen	$500

Dabei ist festzustellen, dass sich im Betrachtungszeitraum ein Nettozuwachs des Überschusses in der Erfolgsrechnung von 700 Dollar ergibt. Diese Posten beseitigen die Betriebskonten. Jetzt würde das Hauptbuch so aussehen:

Kasse		**Vorräte**		**Forderungen aus LL**
$3.000	$500	$4.000	$1.800	$3.000
	$2.500 (auszugleichen)		$2.200 (auszugleichen)	
$3.000	$3.000	$4.000	$4.000	
$2.500		$2.200		

	Umsatz		**Umsatzkosten**			**Aufwendungen**		
in die G+V	$3.000	$3.000	$1.800	$1.800	in die G+V	$500	$500	in die G+
	$3.000	$3.000	$1.800	$1.800		$500	$500	

Gezeichnetes Kapital	G+V-Rücklagen			
$5.000	(aus Umsatzkosten)	$1.800	$2.000	
	(aus Aufwendungen)	$500	$3.000	(aus Umsatz)
	auszugleichen	$2.700		
		$5.000	$5.000	
			$2.700	

Aus obigem Hauptbuch könnten wir nun folgende Bilanz ziehen, die den Zustand des Unternehmens am Ende des Betrachtungszeitraums darstellt:

Aktiva		Passiva	
Kasse	$2.500	Gezeichnetes Kapital	$5.000
Vorräte	$2.200	G+V-Rücklagen	$2.700
Forderungen aus LL	$3.000		
	$7.700		$7.700

KAPITEL 3

Aktiva und Passiva

Die in der Bilanz aufgeführten Bilanzsummen der Aktiva und Passiva vermitteln nur ein grobes Bild von der Größe des Unternehmens. Bilanzsummen lassen sich problemlos dadurch aufblähen, dass immateriellen Vermögensgegenständen überzogene Werte beigelegt werden, und häufig werden auch die Sachanlagen viel zu hoch gebucht. Andererseits ist festzustellen, dass bei den meisten soliden Unternehmen der Goodwill, der einen ihrer wichtigsten Aktivposten darstellt, entweder überhaupt nicht in der Bilanz erscheint oder nur einen nominellen Wert erhält (gewöhnlich einen Dollar). In letzter Zeit hat sich die Praxis entwickelt, die Sachanlagen beziehungsweise das Anlagevermögen auf so gut wie nichts zusammenzustreichen, um Abschreibungsaufwendungen einzusparen. Deshalb kommt es häufig vor, dass sich der wahre Wert der Vermögensgegenstände eines Unternehmens vollkommen von der Bilanzsumme unterscheidet.

Die Größe eines Unternehmens lässt sich entweder anhand seiner Vermögensgegenstände oder anhand seines Umsatzes bemessen. In beiden Fällen ist die Aussagekraft der Zahl völlig relativ und muss vor dem Hintergrund der Branche beurteilt werden. Das Vermögen einer kleinen Eisenbahngesellschaft ist größer als das eines Kaufhauses von ordentlichem Format. Vom Standpunkt der Geldanlage – vor allem vom Standpunkt eines Käufers von hochwertigen Anleihen oder Vorzugsaktien – kann es sinnvoll sein, auf die Größe Wert zu legen. Das gilt besonders für Industrieunternehmen, weil in diesem Bereich kleinere Unternehmen anfälliger für plötzliche Widrigkeiten sind als eine Bahngesellschaft oder ein öffentlicher Versorger. Erfolgt der Kauf, um Spekulationsgewinne oder langfristige Kapitalerträge zu erzielen, ist die Größe nicht von wesentlicher Bedeutung, denn es gibt zahllose eher kleine Unternehmen, die besser florieren als große – und schließlich boten die Großkonzerne ja die besten spekulativen Chancen, als sie noch vergleichsweise klein waren.

KAPITEL 4

KAPITAL UND RÜCKLAGEN

Wie bereits gesagt, werden die Beteiligungen oder Aktien der Aktionäre eines Unternehmens in den Büchern als Kapital und Rücklagen angegeben. In dem einfachen Fall, der früher für alle Unternehmen typisch war, wird das von den Aktionären eingezahlte Geld als Kapital bezeichnet, und die nicht als Dividenden ausgeschütteten Gewinne als Rücklagen oder Überschuss. Das Kapital wird durch Aktien repräsentiert, von denen es manchmal nur eine Sorte oder Klasse gibt, manchmal aber auch verschiedene Sorten, die als Vorzugsaktien und Stammaktien bezeichnet werden. Inzwischen sind auch andere Bezeichnungen gebräuchlich – zum Beispiel A-Aktien, B-Aktien, Nachzugsaktien, Gründeraktien und so weiter. Die Rechte und Einschränkungen verschiedenartiger Aktien lassen sich nicht zuverlässig aus ihren Bezeichnungen ableiten, aber in den Bestimmungen der Satzung müssen die Fakten definitiv festgelegt sein, die dann wiederum in Anlegerhandbüchern oder sonstigen statistischen Aufzeichnungen oder Nachschlagewerken zusammengefasst werden.

Aktien können entweder einen bestimmten Nennwert haben oder nennwertlos sein. Wiederum im einfachsten Fall geht aus dem Nennwert hervor, wie viel die ursprünglichen Zeichner je Aktie eingezahlt haben. Ein Unternehmen mit einer Million Aktien zum Nennwert von 100 Dollar mag scheinbar eine größere Investition als ein Unternehmen mit einer Million Aktien zum Nennwert von fünf Dollar sein. Jedoch kommt es in der modernen Unternehmensorganisation vor, dass weder der Nennwert jeder Aktie noch der Gesamtwert des gezeichneten Kapitals in Dollar auch nur im Geringsten informativ ist. Das Kapital wird oft viel geringer als der tatsächlich von den Aktionären eingezahlte Betrag angegeben, und der Rest ihres Beitrags wird in irgendeiner Form als Rücklage geführt. Womöglich können die Aktien nennwertlos sein, sodass sie theoretisch keinen bestimmten eingezahlten Geldbetrag vertreten, sondern einen bestimmten Bruchteil der Beteiligung an dem Gesamtkapital. Heute wird den Aktien häufig willkürlich ein niedriger Nennwert zugewiesen – vor allem um die Gründungskosten und die Kapitalverkehrsteuer niedrig zu halten.

Diese verschiedenen Praktiken lassen sich durch ein Beispiel verdeutlichen. Angenommen, die Aktionäre eines Unternehmens zahlen im Austausch gegen 100.000 Aktien 10.000.000 Dollar ein. Nach den herkömmlichen Gepflogenheiten hätten diese Aktien zweifellos einen Nennwert von 100 Dollar bekommen und die Bilanz hätte Folgendes ausgewiesen:

Kapital - 100.000 Aktien, Nennwert 100 Dollar	$10.000.000

In jüngerer Zeit hätte es sein können, dass die Aktien keinen Nennwert bekommen hätten und der Posten so ausgesehen hätte:

Kapital - 100.000 Aktien, kein Nennwert. Angegebener Wert	$10.000.000

Die Gründer hätten aber auch willkürlich beschließen können, das Kapital niedriger anzugeben, beispielsweise mit der Hälfte des eingezahlten Betrags. In diesem Fall ergäben sich folgende Posten:

Kapital - 100.000 Aktien,kein Nennwert. Angegebener Wert	$5.000.000
Kapitalrücklage (oder eingezahlte Rücklage)	$5.000.000

Die „modernste" Version wäre, den Aktien willkürlich einen niedrigen Nennwert zu geben, beispielsweise fünf Dollar. Dann sähen wir in der Bilanz diese auffälligen Posten:

Kapital - 100.000 Aktien, Nennwert 5 Dollar	$500.000
Kapitalrücklage	$9.500.000

Daher kann in heutigen Bilanzen die Aufteilung zwischen Kapital und Rücklagen ziemlich bedeutungslos sein. Für die meisten Analysezwecke ist es am besten, das Kapital und die verschiedenen Rücklageposten gemeinsam zu betrachten und eine einzige Zahl für das gesamte Aktienkapital zu verwenden.

KAPITEL 5

ANLAGEVERMÖGEN

Das Anlagevermögen einer Gesellschaft umfasst Grundstücke, Gebäude, Anlagen aller Art und Büroeinrichtungen. Es wird häufig auch als „Sachanlagen“ oder als „feste Anlagen“ bezeichnet, obwohl viele darin enthaltene Vermögensgegenstände sehr wohl beweglich sind, zum Beispiel Lokomotiven, schwimmendes Gerät, Werkzeuge und so weiter. Früher war es üblich, das Anlagevermögen ganz oben auf der Aktivseite der Bilanz anzuführen, aber inzwischen werden häufig zuerst der Barbestand und sonstiges Umlaufvermögen angegeben, und die Sachanlagen weiter unten. Die anteilsmäßige Größe des Anlagevermögens fällt je nach Art des Unternehmens sehr unterschiedlich aus. Die Grundstücksinvestitionen einer Eisenbahngesellschaft sind sehr groß, während das Anlagevermögen eines Pharmakonzerns, der Lizenzen vergibt, nur einen kleinen Teil des gesamten Vermögens darstellen kann. Beispielsweise betragen die Sachanlagen von Topeka & Santa Fe Railway mehr als 88 Prozent des Gesamtvermögens, diejenigen von Lambert Company hingegen nicht einmal 15 Prozent.

Die üblichen Gepflogenheiten der Bilanzierung verlangen, dass Vermögensgegenstände zu ihren tatsächlichen Kosten geführt werden, oder – falls dieser geringer ist – zum Marktwert. Ist ein Vermögensgegenstand definitiv mehr wert, als er gekostet hat, kann sein Wert erhöht werden. Normalerweise ist der Marktwert von Sachanlagen schwer zu ermitteln, denn nur selten gibt es dafür einen funktionierenden Markt. Daher setzen die meisten Unternehmen ihr Anlagevermögen in der Regel mit den Anschaffungskosten an, unabhängig davon, ob diese dem Marktwert zum Zeitpunkt der Rechnungslegung entsprechen. In manchen Fällen werden die Sachanlagen allerdings zu einem Stichtag neu bewertet, sodass sie über oder unter den Kosten geführt werden können.

Es kommt auch vor, dass Sachanlagen willkürliche Werte beigemessen werden, die wenig mit ihren tatsächlichen Kosten oder ihrem späteren Marktwert zu tun haben. Zum Beispiel wurde das Anlagevermögen der United States Steel Corporation ursprünglich auf einen Betrag von mehr als 600.000.000 Dollar heraufgesetzt oder aufgebläht. Dadurch bekam die Aktie einen fiktiven Buchwert, der natürlich weit über ihren ursprünglichen Marktpreis hinausging. Für solche aufgeblähten Kapitalisierungen wurde früher gern der Beiname „watered stock“ (etwa „gegossene Aktien“) verwendet. (Danach wurde das meiste „Wasser“ mithilfe diverser Buchungen gegen die Gewinne und Rücklagen wieder abgeschrieben.)

Es ist somit klar, dass man den Wert, zu dem das Anlagevermögen geführt wird, nicht allzu ernst nehmen darf. Tatsächlich hat die Unzuverlässigkeit die öffentliche Meinung zum anderen Extrem hin verschoben, und es ist festzustellen, dass die Wertpapierkäufer heutzutage dem Anlagevermögen so gut wie keine Aufmerksamkeit schenken und auch der Bilanz abgesehen vom Betriebskapital verhältnismäßig wenig Aufmerksamkeit widmen. Heutzutage werden überwiegend die Gewinne beachtet. Wir empfehlen, den Posten „Anlagevermögen" weder für bare Münze zu nehmen noch vollkommen zu ignorieren, sondern ihn bei der Beurteilung der Wertpapiere eines Unternehmens angemessen zu berücksichtigen.

KAPITEL 6

Wertminderung und Abschreibung

Alle Sachanlagen außer Grundstücken verlieren durch Alterung und Abnutzung nach und nach an Wert. Diverse Bezeichnungen für diesen Verlust sind Abnutzung, Wertminderung, Veralterung, Verschleiß und Abschreibung. Der Betrag der jährlich zu belastenden Wertminderung basiert auf dem Wert des Vermögensgegenstands (in der Regel der Beschaffungswert), seiner erwarteten Lebensdauer und seinem Rest- oder Schrottwert bei seiner Stilllegung.

Ein Beispiel: Wenn Maschinen zum Preis von 100.000 Dollar installiert werden, eine Lebensdauer von sechs Jahren und einen Restwert von 10.000 Dollar haben, beläuft sich die jährliche Abschreibung auf ein Sechstel von 90.000 Dollar (100.000 minus 10.000). Das ergibt eine jährliche Abschreibung von 15.000 Dollar.

In Branchen, in denen häufig neue Erfindungen oder Verbesserungen aufkommen, veralten Anlagen häufig schnell, auch wenn sie noch einsatzfähig sind. Deshalb kann in Branchen wie der Automobilindustrie oder der chemischen Industrie zu der üblichen Abschreibung noch eine Abschreibung für Veralterung hinzukommen. In solchen Fällen werden die beiden Posten meistens zu einer Zahl zusammengefasst.

Hier ein paar übliche Abschreibungssätze für wichtige Arten von Gütern: Gebäude 2 bis 5 Prozent, Möbel und Einrichtung 10 bis 15 Prozent, Automobile und Lastwagen 20 bis 25 Prozent.

Die jährliche Abschreibung für Wertminderung erscheint als Belastung oder Abzug in der Erfolgsrechnung. Außerdem erscheint sie in der Bilanz als Zugang zur Gesamtrückstellung für Wertminderung. Diese Rückstellung kann entweder als direkter Abzug vom Anlagevermögen auf der linken Seite oder als Ausgleichsposten auf der Passivseite gebucht werden.

Die ursprünglichen oder angepassten Kosten der Anlage ohne Berücksichtigung von Abschreibungen bezeichnet man als Bruttowert. Diese Kosten abzüglich der aufgelaufenen Abschreibungen nennt man Nettowert. Wenn Anlagen stillgelegt werden, wird ihr Bruttowert vom Anlagevermögen abgezogen und die bis dahin aufgelaufenen Abschreibungen werden aus der Rückstellung für Wertminderung ausgebucht. Dies erklärt, wieso die Rückstellung für Wertminderung in der Bilanz nicht jedes Jahr um den vollen Betrag wächst, der als Abzug gegen den Gewinn gebucht wird. Wird ein Vermögensgegenstand vor seiner vollständigen Abschreibung stillgelegt, wird ein Posten „Verlust aus stillgelegten Anlagen" geführt, der gewöhnlich gegen die Rücklagen gebucht wird (und nicht gegen den Gewinn des laufenden Jahres).

Die Abschreibung für Werteverzehr ist der Abschreibung für Wertminderung vergleichbar und trägt dem Wert natürlicher Ressourcen Rechnung die aus dem Boden gefördert werden. Sie tritt bei Bergbau-, Öl- und Gasgesellschaften auf. Diese Abschreibungen unterliegen einer Reihe gesetzlicher und buchhalterischer Formalitäten. Daher ist recht schwer zu ermitteln, ob die in einem Finanzbericht angegebene Abschreibung für Werteverzehr aus Sicht eines Wertpapieranlegers angemessen ist. Eine vollständige Behandlung des Themas Abschreibungen würde den Rahmen dieses Buches sprengen. Allerdings befassen wir uns in einem der späteren Kapitel über Ertragskonten ein wenig mit übertriebenen und unangemessenen Abschreibungen (Kapitel 30).

Die Abschreibungen für Werteverzehr können den Aktionären jährlich in Form von Dividenden ausgeschüttet werden. Solche Ausschüttungen werden formal als „Kapitalrückzahlung" bezeichnet und müssen vom Aktionär normalerweise nicht als Einkommen versteuert werden.

KAPITEL 7

Langfristige Anlagen

Viele Unternehmen halten bedeutende Investitionen in andere Unternehmen in Form von Wertpapieren oder Vorleistungen. Manche dieser Investitionen sind von der gleichen Art wie die von gewöhnlichen Wertpapierkäufern getätigten Investments – marktgängige Anleihen und Aktien, die zum Zweck des Marktgewinns gehalten werden und jederzeit verkauft werden können. Solche Anlagen werden gewöhnlich im Umlaufvermögen unter „marktgängige Wertpapiere" aufgeführt.

Andere Investitionen werden hingegen zu Zwecken gekauft, die mit der Geschäftstätigkeit des Unternehmens zusammenhängen. Sie bestehen in Aktien oder Anleihen von Konzern- oder Tochtergesellschaften oder in Darlehen oder daraus gewährten Vorschüssen. In einer konsolidierten Konzernbilanz werden Wertpapiere von *hundertprozentigen* Tochtergesellschaften eliminiert, stattdessen werden die tatsächlichen Aktiva und Passiva der Tochtergesellschaften so ausgewiesen, als wären sie Teil der Muttergesellschaft. Tochter- und Konzerngesellschaften, die sich nur *zum Teil* im Besitz des Mutterkonzerns befinden, erscheinen hingegen auch in konsolidierten Bilanzen unter „langfristige Anlagen und Vorleistungen".

Diese Posten werden in der Bilanz normalerweise zu ihren Kosten geführt, häufig allerdings um dagegen gebildete Rückstellungen vermindert und seltener um aufgelaufene Gewinne erhöht. Der wahre Wert solcher Anlagen ist schwer einzuschätzen. Wenn aus der Bilanz hervorgeht, dass solche Posten wahrscheinlich von Bedeutung sind, sollte man sich besondere Mühe geben, diesbezüglich zusätzliche Informationen zu erlangen.

Manche Anlagen stehen irgendwo zwischen marktfähigen Wertpapieren und dem typischen nicht marktgängigen dauerhaften Engagement bei einem verbundenen Unternehmen. Beispiel für diese Zwischenstellung sind die enormen Beteiligungen von du Pont an General Motors oder die große Investition von Union Pacific in die Wertpapiere diverser anderer Eisenbahngesellschaften. Solche Positionen erscheinen eher unter „sonstige Vermögensgegenstände" als im Umlaufvermögen, da die Unternehmen sie als dauerhafte Investments betrachten. Für gewisse Zwecke (zum Beispiel zur Berechnung der Liquidität dritten Grades je Aktie) ist es jedoch zulässig, sie mit marktfähigen Papieren gleichzusetzen.

KAPITEL 8

IMMATERIELLE VERMÖGENSGEGENSTÄNDE

Wie der Name schon sagt, kann man immaterielle Vermögensgegenstände weder anfassen noch wiegen oder messen. Die gängigsten immateriellen Werte sind Goodwill, Markenzeichen und Pachtbesitz. Leicht abweichend vom eigentlichen Goodwill ist der sogenannte Firmenwert – der besondere gewinnbringende Charakter, der mit einem gut eingeführten erfolgreichen Unternehmen verbunden ist. Waren- und Markenzeichen stellen eine recht klar definierte Form von Goodwill dar, und im Allgemeinen werden sie als Teil des Goodwill-Gesamtbilds betrachtet. Als Anleger muss man sich des sehr großen Unterschieds zwischen dem Goodwill bewusst sein, der in der Bilanz erscheint – oder häufiger nicht erscheint –, und dem Goodwill, der sich messbar im Börsenkurs der Wertpapiere des Unternehmens niederschlägt.

Verschiedene Unternehmen berücksichtigen den Goodwill in der Bilanz äußerst unterschiedlich. Heutzutage ist es gängige Praxis, diesen Vermögensgegenstand entweder gar nicht auszuweisen oder ihn nominell mit einen Dollar anzusetzen. In manchen Fällen wird der Goodwill tatsächlich zu einem bestimmten Preis von den ehemaligen Eigentümern der Geschäftstätigkeit erworben, sodass er in gleicher Weise wie andere Vermögensgegenstände zu seinen Kosten gebucht werden kann. Häufiger jedoch wird der Goodwill völlig willkürlich in die Bücher eingetragen und ist wahrscheinlich eher höher denn niedriger als sein aktueller Marktwert.

Heute geht die Tendenz dahin, dem Goodwill in der Bilanz keinen Wert beizumessen. Viele Unternehmen, die mit einem bedeuteten Goodwill-Posten angefangen haben, haben ihn auf einen Dollar herabgesetzt und entsprechende Minderungen ihrer Rücklagen oder gar ihres Eigenkapitals vorgenommen.

Diese Senkung des Goodwills bedeutet nicht, dass er wirklich weniger wert wäre als zuvor, sondern nur, dass die Unternehmensleitung beschlossen hat, bei der Rechnungslegung konservativer vorzugehen. Dieser Punkt zählt zu den vielen Widersprüchen der modernen Bilanzbuchhaltung. In den meisten Fällen findet eine Herabsetzung des Goodwills statt, nachdem sich die Lage eines Unternehmens gebessert hat. Das bedeutet allerdings auch, dass der Goodwill in Wirklichkeit beträchtlich wertvoller ist als zu Anfang.

Ein Beispiel dafür ist die F. W. Woolworth Company.

Als die Woolworth-Aktie erstmals an der Börse verkauft wurde, bewertete das Unternehmen seinen Goodwill in der Bilanz mit 50.000.000 Dollar. Der damalige Aktienkurs deutete jedoch auf einen Wert von nur 20.000.000 Dollar hin. Viele Jahre später setzte das Unternehmen seinen Goodwill in mehreren Schritten auf einen Dollar herab und nahm gleichzeitig Abschreibungen gegen die aufgelaufenen Rücklagen in Höhe der erwähnten 50.000.000 Dollar vor. Allerdings ging zum Zeitpunkt der letzten Herabsetzung im Jahr 1925 aus dem Aktienkurs hervor, dass die Öffentlichkeit den Goodwill mit mehr als 300.000.000 Dollar bewertete.

Patente stellen in etwas klarerer Form als Goodwill Vermögensgegenstände dar. Jedoch ist äußerst schwer zu ermitteln, wie hoch der tatsächliche oder angemessene Wert eines Patents zu einem bestimmten Zeitpunkt ist, vor allem da man ja selten genau weiß, in welchem Maße die Ertragskraft eines Unternehmens von gewissen Patenten abhängt, die es besitzt. Der Wert, zu dem Patente in der Bilanz geführt werden, ist nur selten ein Hinweis auf ihren wahren Wert.

Der Posten „Pachtbesitz“ soll den Geldwert langfristiger Miet- und Pachtverhältnisse zu günstigen Mieten wiedergeben – also zu geringeren Kosten, als zu denen vergleichbare Flächen gemietet oder gepachtet werden könnten. Allerdings können sich langfristige Pachtverhältnisse in Zeiten sinkender Mieten genauso gut als Verbindlichkeiten wie als Vermögensgegenstände entpuppen, und als Anleger sollte man jede ihnen zugeschriebene Bewertung mit Vorsicht genießen.

Grundsätzlich könnte man sagen, dass man der Höhe, in der immaterielle Vermögenswerte in der Bilanz erscheinen, wenig oder gar kein Gewicht beimessen sollte. Sie können durchaus einen sehr hohen Wert besitzen, aber auf diesen Wert weist nicht die Bilanz hin, sondern das Ertragskonto. Anders gesagt kommt es in Wahrheit mehr auf die Ertragskraft der immateriellen Vermögensgegenstände an als auf ihre Bewertung in der Bilanz.

KAPITEL 9

Aktive Rechnungsabgrenzungsposten I

Häufig bezahlt ein Unternehmen im Voraus für eine Leistung, die es über einen bestimmten Zeitraum hinweg erhalten wird. Zum Beispiel könnte es ein Gebäude mieten und dafür im Voraus eine Jahresmiete von 50.000 Dollar bezahlen. Dann würde es zu Jahresbeginn in der Bilanz diese 50.000 Dollar als Aktivposten – Mietvorauszahlung – anführen. Dann würde es jeden Monat ein Zwölftel dieses Betrags von den Gewinnrücklagen des betreffenden Monats abziehen und auch von der Mietvorauszahlung diesen Betrag abziehen. Damit wäre die Mietvorauszahlung von 50.000 Dollar bis zum Jahresende auf null abgeschrieben und in einer Bilanz zu diesem Zeitpunkt würde sie nicht erscheinen. Zur Jahresmitte würde die Bilanz eine Mietvorauszahlung von 25.000 Dollar ausweisen.

Oder das Unternehmen könnte im Voraus die Zinsen auf Geld bezahlen, das es sich für eine bestimmte Zeitspanne geliehen hat.

Zu Beginn des Betrachtungszeitraums würde der volle Betrag der Zinsvorauszahlung in der Bilanz ausgewiesen, und dann würde sie über die Zeit abgeschrieben, in der das Unternehmen das geliehene Geld verwendet. Manchmal werden Steuern und Gehälter im Voraus bezahlt und auf diese Weise behandelt. Ein Vertrag über Werbung im Jahr 1937 im Wert von 40.000 Dollar könnte im Voraus abgeschlossen und bezahlt werden. Die Bilanz zum Stichtag 31. Dezember 1936 würde dann eine Vorauszahlung für Werbung in Höhe von 40.000 Dollar ausweisen, die dann im Laufe des Jahres 1937 abgeschrieben würde. Die meisten Unternehmen haben gewisse Versicherungen, deren Prämien selbstverständlich im Voraus bezahlt werden. Diese Vorauszahlungen werden zu Beginn des Versicherungszeitraums in voller Höhe in der Bilanz ausgewiesen und dann über den durch die Prämie gedeckten Zeitraum bis auf null abgeschrieben.

Normalerweise werden in der Bilanz eines Großunternehmens die verschiedenen Vorauszahlungen zu einer Zahl als aktive Rechnungsabgrenzungsposten zusammengefasst. Aus der Natur dieser Abgrenzungsposten geht bereits hervor, dass sie nicht dazu angetan sind, mehr als nur einen kleinen Teil des Vermögens eines Unternehmens auszumachen. Die aktiven Rechnungsabgrenzungsposten sind für eine Bilanzanalyse nur von geringer Bedeutung, es sei denn, dass sie eine gewisse Auskunft darüber geben, wie ein Unternehmen seine Geschäfte führt.

KAPITEL 10

Aktive Rechnungsabgrenzungsposten II

Häufig fallen Aufwendungen an, die das Unternehmen lieber über einen bestimmten Zeitraum abschreibt als sie auf einmal vom Überschuss abzuziehen. Solche Aufwendungen werden auf der Aktivseite der Bilanz als Abgrenzungsposten angegeben. Im Grunde geht es hier um das gleiche Phänomen wie im vorigen Kapitel, und tatsächlich sind die im vorigen Kapitel behandelten Vorauszahlungen ein Sonderfall der aktiven Rechnungsabgrenzungsposten, bei denen (1) ein Unternehmen berechtigten Anspruch auf im Voraus bezahlte Leistungen hat oder (2) die Aufwendungen während des festgelegten Leistungszeitraums abgeschrieben werden. Normalerweise stellen aktive Rechnungsabgrenzungsposten keinen Rechtsanspruch auf Leistungsempfang dar, und der Aufwand wird über einen Zeitraum abgeschrieben, der zu dem Gewinn des Unternehmens passt.

Beispielsweise sind dem Unternehmen, das eine Mietvorauszahlung von 50.000 Dollar geleistet hat (Kapitel 9) außerdem beim Bezug des Gebäudes Kosten von 15.000 Dollar entstanden. Anstatt diesen Aufwand von dem Gewinn des Monats abzuziehen, in dem das Unternehmen eingezogen ist, kann es ihn über einen längeren Zeitraum als aktiven Rechnungsabgrenzungsposten abschreiben. Den Nutzen aus dem Umzugsaufwand genießt das Unternehmen so lange, wie es in dem neuen Gebäude verbleibt, und darum kann das Management beschließen, diesen Posten nach und nach abzuschreiben.

Aufwendungen, die beim Aufbau eines neuen Unternehmens anfallen, werden normalerweise als aktive Rechnungsabgrenzung verbucht – der sogenannte Gründungsaufwand. Auf die gleiche Weise kann der Aufwand für die Begebung von Anleihen – insbesondere die Differenz zwischen Nennwert und dem vom Unternehmen vereinnahmten Betrag (Abschlag) – als Rechnungsabgrenzung unter der Bezeichnung „Nicht getilgtes Obligationsdisagio" verbucht werden. Dieser Posten wird dann während der Laufzeit der Anleihe abgeschrieben. (In vielen Fällen wird jedoch das gesamte Disagio sofort gegen die Gewinnrücklage verbucht, es kann aber auch über einen willkürlichen Zeitraum abgeschrieben werden.) Die Abschreibungspraktiken bei anderen Abgrenzungsposten ist extrem unterschiedlich.

Aktive Rechnungsabgrenzungsposten erscheinen zwar in der Bilanz, sind aber keine materiellen Vermögensgegenstände. Tatsächlich sind sie meistens genauso immateriell wie Goodwill.

KAPITEL 11

Umlaufvermögen

Das Umlaufvermögen beinhaltet Vermögensgegenstände, die sich sofort in Bargeld umwandeln lassen oder die im gewöhnlichen Geschäftsbetrieb meistens innerhalb einer relativ kurzen Zeit in Bargeld umgewandelt werden. (Meistens wird als Grenze ein Jahr angesetzt.) Manchmal wird es auch als liquide Mittel, flüssige Mittel oder Liquidität bezeichnet. Das Umlaufvermögen lässt sich grob in drei Arten untergliedern: (1) Bargeld und Bargeldäquivalente, (2) Forderungen aus Lieferungen und Leistungen, (3) Vorräte, die zum Verkauf oder zur Umwandlung in Waren oder Dienstleistungen bestimmt sind, die verkauft werden sollen. Im Laufe der Geschäftstätigkeit verwandeln sich diese Vermögensgegenstände nach und nach in Bargeld. Beispielsweise würde in einer späteren Bilanz der gegenwärtige Vorrat zu Bargeld und Forderungen geworden sein, während aus den gegenwärtigen

Forderungen wahrscheinlich Bargeld geworden wäre. Die Bestandteile des Umlaufvermögens werden in der Bilanz gewöhnlich in der Reihenfolge ihrer Liquidität dargestellt.

Einen etwas genaueren Überblick bietet die folgende Liste von Posten des Umlaufvermögens, die aus Gründen der Übersicht in die drei genannten Arten unterteilt ist:

(1) Bargeld und Bargeldäquivalente

Kasse oder Bankguthaben (einschließlich Einlagezertifikate)

Kurzfristige und befristete Darlehen (durch marktfähige Wertpapiere besichert)

Staatsanleihen und öffentliche Anleihen

Sonstige marktfähige Wertpapiere

Besondere Einlagen

Rückkaufsrechte auf Versicherungspolicen

(2) Forderungen

Forderungen aus Lieferungen und Leistungen

Wechselforderungen

Zinsforderungen

Von Vertretern fällige Forderungen

Noch nicht abgelesene Leistungen (Versorger)

(3) Vorräte

Fertigerzeugnisse (verkaufsfähig)

Halbfertigerzeugnisse (verarbeitungsfähig)

Roh- und Hilfsstoffe (verbrauchsfähig)

Gewisse Forderungen können relativ illiquide sein – zum Beispiel fällige Forderungen von Beamten und Angestellten, unter anderem Aktienbezugsrechte. Wenn solche Vermögensgegenstände nicht innerhalb eines Jahres beim Unternehmen eingehen, werden sie gewöhnlich getrennt vom Umlaufvermögen aufgeführt.

Andererseits ist es üblich, den vollen Betrag von Ratenforderungen in das Umlaufvermögen aufzunehmen, auch wenn ein Großteil davon erst später als ein Jahr nach dem Bilanzstichtag fällig ist. Ebenso werden die gesamten Warenvorräte in das Umlaufvermögen aufgenommen, auch wenn sich manche Artikel nur langsam verkaufen.

KAPITEL 12

Laufende Verbindlichkeiten

Das Gegenstück zum Umlaufvermögen auf der anderen Seite der Bilanz sind die laufenden Verbindlichkeiten. Meistens handelt es sich dabei um Schulden, die das Unternehmen im Zuge der üblichen Geschäftstätigkeit gemacht hat und die vermutlich innerhalb höchstens eines Jahres bezahlt werden. Zusätzlich werden alle anderen Arten von Schulden, die innerhalb eines Jahres fällig werden, zu den laufenden Verbindlichkeiten gezählt. Hier eine Liste der wichtigsten laufenden Verbindlichkeiten:

Fällige Wechsel, Rechnungen oder Darlehen
(unter anderem Bankdarlehen und Geldmarktpapiere)

Fällige Akzepte

Lieferantenverbindlichkeiten

Dividenden und Zinsverbindlichkeiten

Anleihen, Hypotheken oder innerhalb eines Jahres fällige Serienschuldverschreibungen, auch gekündigte

Vorleistungen (von Kunden, verbundenen Unternehmen, Aktionären und so weiter)

Einlagen von Verbrauchern

Nicht eingelöste Schecks und Erstattungen

Aufgelaufene Zinsen, Löhne und Steuern

Rückstellungen für Bundessteuern

KAPITEL 13

Betriebskapital

Wenn wir die momentane Lage eines Unternehmens untersuchen, betrachten wir niemals das Umlaufvermögen an sich, sondern immer sein Verhältnis zu den laufenden Verbindlichkeiten. Die momentane Lage beinhaltet zwei wichtige Faktoren: (a) den Überschuss des Umlaufvermögens gegenüber den laufenden Verbindlichkeiten – den man als Nettoanlagevermögen oder als Betriebskapital bezeichnet, und (b) das Verhältnis des Umlaufvermögens zu den laufenden Verbindlichkeiten – die sogenannte Current Ratio oder die Liquidität dritten Grades.

Man ermittelt das Betriebskapital also, indem man die laufenden Verbindlichkeiten vom Umlaufvermögen abzieht. Das Betriebskapital ist eine wesentliche Überlegung, wenn man die Finanzkraft eines Industrieunternehmens ermitteln will, und auch bei der Analyse der Wertpapiere von Versorgungsunternehmen und von Eisenbahngesellschaften verdient sie Aufmerksamkeit.

Das Betriebskapital ist ein Maß dafür, wie gut das Unternehmen in der Lage ist, seine normale Geschäftstätigkeit bequem und ohne finanzielle Engpässe fortzuführen, seinen Betrieb ohne die Notwendigkeit neuer Finanzierungen auszuweiten und Notfälle oder Verluste ohne Unheil zu bewältigen. Investitionen in das Anlagevermögen (Sachanlagen) sind bei der Deckung solcher Bedarfe keine große Hilfe. Knappes Betriebskapital führt im mindesten Falle dazu, dass Rechnungen zu spät bezahlt werden, und somit zu einem schlechten Bonitätsrating, zur Verminderung der betrieblichen Aktivitäten, zur Ablehnung wünschenswerter Aufträge sowie grundsätzlich zur Unfähigkeit, „etwas zu bewegen" und Fortschritte zu machen. Die schwersten Folgen sind der Bankrott und das Insolvenzgericht.

Die richtige Menge an Betriebskapital, die ein bestimmtes Unternehmen braucht, hängt sowohl vom Umfang als auch von der Art der Geschäftstätigkeit ab. Der wichtigste Vergleichspunkt ist die Menge an Betriebskapital pro Dollar Umsatz. Ein Unternehmen, das Bargeschäfte abwickelt und dessen Vorräte schnell umgeschlagen werden – zum Beispiel eine Kette von Lebensmittelläden –, braucht im Verhältnis zum Umsatz viel weniger Betriebskapital als ein Hersteller von schwerem Gerät, das gegen langfristige Zahlungen verkauft wird.

Das Betriebskapital wird auch im Verhältnis zum Anlagevermögen und zur Kapitalisierung betrachtet, vor allem zu den langfristigen Verbindlichkeiten und zu den Vorzugsaktien. Bei einer guten Unternehmensanleihe oder einer guten Vorzugsaktie erwartet man meistens, dass diese Papiere vollständig durch das Nettoumlaufvermögen gedeckt sind. Bei der Analyse von Stammaktien ist das Betriebskapital, das je Aktie zur Verfügung steht, eine interessante Zahl. Und auch die Zu- oder Abnahme des Postens Betriebskapital im Laufe der Jahre verdient die Aufmerksamkeit des Anlegers.[1]

Bei Eisenbahngesellschaften und Versorgungsunternehmen wird das Betriebskapital nicht so genau überprüft wie bei Industriekonzernen. Aufgrund ihrer Eigenschaft als Dienstleister benötigen sie vergleichsweise geringe Investitionen in Forderungen oder Vorräte. Es hat sich eingebürgert, Expansion eher mithilfe neuer Finanzierungen als aus Barrücklagen zu bezahlen. Ein florierender Versorger mag es bisweilen zulassen, dass seine laufenden Verbindlichkeiten höher sind als sein Nettoumlaufvermögen, und sein Betriebskapital im Rahmen seines Finanzierungsprogramms erst später wieder aufstocken.

Der vorsichtige Anleger bevorzugt indes Versorger und Bahnen, die bezüglich des Betriebskapitals regelmäßig eine komfortable Situation ausweisen.

---

[1] Eine strenge Prüfung der Finanzlage eines Unternehmens kann man vornehmen, indem man das Nettoumlaufvermögen ohne Vorräte ansetzt. Man spricht auch von den „flüssigen Mitteln", und ihre Höhe abzüglich der kurzfristigen oder laufenden Verbindlichkeiten wird auch als verfügbares Kapital bezeichnet. Normalerweise sollten die flüssigen Mittel komfortabel über der Summe aller laufenden Verbindlichkeiten liegen.

KAPITEL 14

Liquidität dritten Grades

Eine der bei der Analyse von Bilanzen am häufigsten verwendeten Zahlen ist das Verhältnis zwischen dem Umlaufvermögen und den kurzfristigen Verbindlichkeiten. Man bezeichnet es als Liquidität dritten Grades, und man erhält es, indem man das Umlaufvermögen durch die laufenden Verbindlichkeiten teilt. Wenn sich beispielsweise das Umlaufvermögen auf 500.000 Dollar beläuft und die laufenden Verbindlichkeiten auf 100.000 Dollar, ergibt sich eine Liquidität dritten Grades von 5. Bei einem Unternehmen mit solider Finanzlage liegt das Umlaufvermögen deutlich über den laufenden Verbindlichkeiten, und dies zeigt an, dass das Unternehmen keine Schwierigkeiten haben wird, seine kurzfristigen Schulden bei Fälligkeit zu begleichen.

Was als zufriedenstellende Liquidität dritten Grades gilt, hängt in gewissem Maße von der Branche des Unternehmens ab. Grundsätzlich gilt, dass der Überschuss gegenüber den laufenden Verbindlichkeiten umso kleiner sein darf, je liquider das Umlaufvermögen ist. Von Eisenbahn- und Versorgungsgesellschaften wird meist keine hohe Liquidität dritten Grades verlangt, weil sie nur geringe Vorräte haben und ihre Forderungen zügig vereinnahmen. Bei Industrieunternehmen gilt eine Liquidität dritten Grades zwischen 1 und 2 sozusagen als übliches Minimum. Es ist jedoch festzustellen, dass fast alle Unternehmen mit börsennotierten Aktien weit über dieses Verhältnis hinauskommen. Die folgende Tabelle gibt aktuelle Liquiditäten dritten Grades verschiedener Branchen an.

Liquidität dritten Grades
Ende des Geschäftsjahrs 1935

Anzahl der Unternehmen	Branche	Liquidität
18	Tabakwaren	14,4
7	Strickwaren	7,9
5	Landwirtschaftliche Geräte	7,7
8	Schuhe und Lederwaren	7,7
8	Elektrische Ausrüstung	7,4
20	Chemische Produkte	6,9
20	Haushaltsartikel	6,9
12	Verlage	6,9
11	Büroausstattung	6,6
20	Gebäudeausstattung	6,4
23	Verarbeitendes Gewerbe	6,3
8	Bekleidung	6,0
21	Industriemaschinen	6,0
8	Ladenketten (Diverses)	6,0
7	Fleischverarbeitung	5,9

Anzahl der Unternehmen	Branche	Liquidität
5	Wollwaren	5,9
13	Nahrungsmittel	5,7
9	Zucker	5,7
7	Flugzeuge	5,6
13	Arzneimittel und Kosmetika	5,5
9	Gummi und Reifen	5,3
14	Eisenbahnausrüstung	5,2
8	Behälter	5,1
15	Kaufhäuser	5,0
22	Eisen und Stahl	4,9
7	Rundfunk	4,6
34	Autoteile	4,4
26	Bergbau	4,3
7	Backwaren	4,2
4	Versandhäuser	4,2
6	Papier	3,9
7	Lebensmittel-Ladenketten	3,8
27	Erdöl	3,8
8	Versanddienstleistungen	3,7
4	Seidenwaren	3,6
7	Baumwollprodukte	3,5
4	Molkereiprodukte	3,5
13	Automobile	3,0
10	Kohle	3,0
8	Filme	2,8
22	Öffentliche Versorger	1,9
25	Eisenbahnen	0,7

Normalerweise muss die Liquidität dritten Grades noch genauer analysiert werden, indem man die Vorräte herausnimmt. Es ist üblich, zu verlangen, dass die baren Posten und die Forderungen zusammengenommen höher als die laufenden Verbindlichkeiten sind. (Inzwischen besteht die Tendenz, das Umlaufvermögen abzüglich Vorräte als flüssige Mittel zu bezeichnen.) Wenn die Vorräte leicht verkäuflicher Natur sind, und insbesondere, wenn sie aufgrund der Art der Geschäftstätigkeit zu manchen Zeiten des Jahres groß und zu anderen klein sind, ist es möglicherweise nicht von großer Bedeutung, wenn ein Unternehmen die Prüfung der flüssigen Mittel nicht besteht. Allerdings muss man sich in solchen Fällen jedes Mal die Situation gewissenhaft ansehen und sicherstellen, dass sich das Unternehmen wirklich in einer komfortablen Liquiditätsposition befindet.

KAPITEL 15

VORRÄTE

Es besteht eine Tendenz, bei allen Unternehmen große Vorräte als nachteilig zu betrachten. Das ist aber streng genommen nicht richtig, denn Vorräte sind Vermögensgegenstände, und normalerweise geht es einem Unternehmen umso besser, je mehr Vermögen es hat. Jedoch verursachen große Bestände häufig Probleme verschiedener Art. Möglicherweise müssen erhebliche Geldbeträge von Banken aufgenommen werden, um sie zu finanzieren, andernfalls zehren sie das Bargeld des Unternehmens ungebührlich auf. Sie können zu schweren Verlusten führen, wenn die Rohstoffpreise fallen. Theoretisch könnten sie ähnliche Gewinne bringen, doch die Erfahrung zeigt, dass diese Gewinne nicht annähernd so hoch oder so häufig wie Vorratsverluste sind. Und schließlich weisen ungewöhnlich hohe Vorräte darauf hin, dass ein Gutteil der Ware vielleicht unverkäuflich ist und dass ihr Preis drastisch gesenkt werden muss, um sie loszuwerden.

Die Vorräte sollten im Verhältnis zu diversen Faktoren untersucht werden. Das wichtigste Kriterium ist dabei der „Umschlag" – der Jahresumsatz geteilt durch die Vorräte.[1] Die Maßstäbe für diesen Punkt fallen in verschiedenen Branchen sehr unterschiedlich aus. Die nun folgende Liste durchschnittlicher Umsatz-Vorrats-Verhältnisse verschiedener Branchen soll eine Vorstellung von der Schwankungsbreite und einen Anhaltspunkt dafür bieten, welche Zahlen man in den einzelnen Fällen erwarten sollte:

Umschlag der Vorräte – 1934

(Tatsächlicher Umsatz geteilt durch die Vorräte zum Jahresende)

Anzahl der Unternehmen	Produkt	Verhältnis
58	Seidenware	10,1
82	Schuhe (Herstellung)	9,4
39	Elektrische Ausrüstung	8,7
54	Autoteile	8,1
51	Baumwollprodukte	8,1
94	Farben und Lacke	7,6
34	Strumpfwaren	7,2
64	Möbel	6,0
193	Kaufhäuser	5,9
29	Chemische Produkte	5,6
34	Papier	5,5
40	Gerbereien	4,9
23	Schuhe (Handel)	4,9
33	Verlage	4,8
42	Eisenwaren und Werkzeuge	3,7

1 Den tatsächlichen Umschlag ermittelt man, indem man die Vorräte durch die Umsatzkosten teilt, allerdings ist es üblich, dafür den Umsatz statt der Umsatzkosten einzusetzen. Dieser sogenannte „Umschlag" ist daher immer größer als der tatsächliche.

Wenn keine Umsatzzahlen verfügbar sind, ist es schwieriger, sich eine Meinung zum Vorratsfaktor zu bilden. Man kann sich aber die Zahlen mehrerer Jahre ansehen und sie untereinander vergleichen sowie sie mit dem Reinertrag, dem sonstigen Umlaufvermögen und mit dem Betriebskapital vergleichen. Die nächste Tabelle gibt an, welchen Anteil des gesamten Umlaufvermögens die Vorräte in diversen Branchen Ende 1935 darstellten:

Verhältnis der Vorräte zum Umlaufvermögen

Branche	Prozent	Branche	Prozent
Filme	68,9	Industriemaschinen	42,0
Tabakwaren	68,2	Bekleidung	41,6
Wollwaren	65,8	Gebäudeausstattung	41,0
Ladenketten (Diverses)	65,4	Automobile	40,7
Lebensmittelkette	64,2	Nahrungsmittel	39,5
Baumwollprodukte	59,0	Arzneimittel und Kosmetika	38,7
Fleischverarbeitung	57,7	Landwirtschaftliche Geräte	38,6
Eisen und Stahl	57,4	Büroausstattung	37,1
Versandhäuser	56,1	Elektrische Ausrüstung	37,0
Gummi und Reifen	53,3	Autoteile	35,6
Bergbau	51,6	Chemische Produkte	34,4
Papier	51,3	Flugzeuge	32,6
Schuhe und Leder	49,8	Backwaren	31,8
Zucker	49,8	Molkereiprodukte	29,2
Haushaltswaren	49,2	Kohle	28,1
Erdöl	48,7	Verlage	27,8
Behälter	46,5	Eisenbahnen	26,5
Strickwaren	46,4	Rundfunk	25,6
Seidenwaren	46,2	Funkausrüstung	25,5
Verarbeitendes Gewerbe	44,8	Versanddienstleister	18,2
Kaufhäuser	42,7	Öffentliche Versorger	17,6

KAPITEL 16

FORDERUNGEN

Die relative Höhe der Forderungen fällt je nach Art der Branche und der jeweiligen Handelspraxis, Rechnungen zu begleichen, sehr unterschiedlich aus. Auch können die Forderungen innerhalb einer Branche je nach den Bankkrediten variieren: Sind die Kreditlinien bei Banken ausgeschöpft, steigt die Höhe der Forderungen, weil das Unternehmen seinen Kunden mehr als den üblichen Kredit gewährt.

Ebenso wie die Vorräte sollte man die Forderungen im Verhältnis zum Jahresumsatz – falls verfügbar – sowie im Verhältnis zu den im Laufe der Jahre ausgewiesenen Veränderungen betrachten. Erscheinen die Forderungen im Verhältnis zum Umsatz oder zu anderen Posten hoch, ist das ein gewisser Hinweis darauf, dass eine ungebührlich freizügige Kreditpolitik verfolgt wurde und dass wahrscheinlich mehr oder weniger schwere Verluste aus faulen Konten entstehen werden.

Am sorgfältigsten müssen die Forderungen bei Unternehmen untersucht werden, die Waren gegen langfristige Bezahlung verkaufen. Das sind beispielsweise Kaufhäuser, Kreditinstitute, manche Versandhäuser und Hersteller von Maschinen und Werkzeugen aller Art (zum Beispiel landwirtschaftliche Geräte, Lastwagen oder Bürobedarf). Viele dieser Ratenzahlungen werden über Finanzgesellschaften abgewickelt, die gegen Wechsel oder Sicherheiten des Verkäufers Mittel vorstrecken. Häufig werden die Forderungen eines Herstellers unter einer Rückkaufvereinbarung an die Finanzgesellschaft verkauft. Das bedeutet, dass weder die Forderungen noch die Schulden an die Finanzgesellschaft unmittelbar in der Bilanz des Herstellers erscheinen, sondern in einer Fußnote auf sie hingewiesen wird. Wenn man eine Bilanz analysiert, müssen solche abgerechneten Forderungen vollumfänglich als Äquivalente zu Vermögen und Verbindlichkeiten betrachtet werden.

KAPITEL 17

Bargeld

Es lässt sich keine sinnvolle Unterscheidung zwischen eigentlichem Bargeld und dem sonstigen Barvermögen oder den sogenannten Bargeldäquivalenten treffen, die aus Einlagezertifikaten, kurzfristigen Darlehen, marktfähigen Wertpapieren und so weiter bestehen. In der Praxis kann man die verschiedenartigen Barmittel als austauschbar betrachten. Theoretisch sollte ein Unternehmen keinen höheren Kassenbestand haben, als für die Durchführung seiner gewöhnlichen Geschäftstätigkeit und möglichen Bedarfe, die plötzlich auftreten könnten, notwendig ist. Jedoch besteht seit einigen Jahren die allgemeine Tendenz, mehr Bargeld vorzuhalten, als das Unternehmen offenbar benötigt. Viel von diesem Barüberschuss liegt in Form von marktfähigen Wertpapieren vor. Die laufende Rendite dieser Investments ist normalerweise gering. Sie können zwar durch Änderungen des Marktes erhebliche Gewinne (oder Verluste) bringen, aber solche Vorgänge sind eigentlich kein Teil der gewöhnlichen Handels- oder Herstellungstätigkeit.

Bargeldmangel wird gewöhnlich durch Kreditaufnahme bei Banken behoben. Im Normalfall fällt eine schlechte Finanzlage daher wahrscheinlich eher durch große Bankdarlehen als durch einen unzureichenden Kassenbestand auf. In einer Zeit der Depression ist es besonders wichtig, den Kassenstand von Jahr zu Jahr zu beobachten. Manche Unternehmen steigern ihr Barkonto sogar in Zeiten des Verlustes, indem sie einen großen Teil ihrer anderen Vermögensgegenstände liquidieren, vor allem Vorräte und Forderungen. Andere Konzerne weisen einen schweren Bargeldverlust oder – was auf das Gleiche hinausläuft – eine erhebliche Zunahme der Bankdarlehen aus. In solchen Zeiten kann die Art, wie sich die Verluste in der Bilanz niederschlagen, wichtiger sein als die Höhe der Verluste an sich.

Wenn die Bargeldpositionen im Verhältnis zum Marktpreis der Wertpapiere außerordentlich hoch sind, verdient dieser Faktor gewöhnlich positive Aufmerksamkeit. In einem solchen Fall kann die Stammaktie mehr wert sein, als es die gemeldeten Gewinne anzeigen, weil ein Großteil des Wertes durch Barbestände repräsentiert wird, die wenig zum Ertragskonto beitragen. Irgendwann kommen die Aktionäre wahrscheinlich in den Genuss dieses Barvermögens, entweder dadurch, dass es ausgeschüttet wird, oder dadurch, dass es produktiv für die Geschäftstätigkeit eingesetzt wird.

KAPITEL 18

WECHSEL-VERBINDLICHKEITEN

Die Gesamtsumme der laufenden Verbindlichkeiten ist nur im Verhältnis zum Umlaufvermögen von Interesse. Sie haben bereits gesehen, wie wichtig die Liquidität dritten Grades (Verhältnis Umlaufvermögen zu laufenden Verbindlichkeiten) ist und wie wünschenswert es ist, dass die flüssigen Mittel ohne die Vorräte höher sind als die laufenden Verbindlichkeiten.

Der wichtigste Einzelposten innerhalb der laufenden Verbindlichkeiten sind die Wechselverbindlichkeiten. Sie beziehen sich im Allgemeinen auf Bankdarlehen, es kann aber auch auf Handelskonten oder Geld zutreffen, das von verbundenen Unternehmen oder von Einzelpersonen geliehen wurde. Die Tatsache an sich, dass sich ein Unternehmen von Banken Geld geliehen hat, ist noch kein Zeichen der Schwäche. Saisonale Kreditaufnahmen, die nach Ende der aktiven Verkaufsperiode vollständig bezahlt werden, gelten als sowohl seitens des Unternehmens als auch der Banken wünschenswert. Allerdings können mehr oder weniger dauerhafte Bankdarlehen auch dann, wenn sie durch das Umlaufvermögen gut gedeckt sind, ein Hinweis darauf sein, dass das Unternehmen einen langfristigen Kapitalbedarf in Form von Anleihen oder Aktien hat.

Wenn eine Bilanz Wechselverbindlichkeiten ausweist, muss man die Situation immer sorgfältiger untersuchen, als es sonst angebracht wäre. Gehen die Barpositionen erheblich über die Wechselverbindlichkeiten hinaus, kann man sie normalerweise als relativ unwichtig abtun. Wenn aber die Darlehen größer als der Barbestand und die Forderungen sind, ist klar, dass sich das Unternehmen massiv auf die Banken verlässt. Außer wenn die Vorräte ungewöhnlich liquider Natur sind, kann eine solche Situation Anlass zu berechtigten Bedenken bieten. In einem solchen Fall sollte man die Bankdarlehen über mehrere Jahre untersuchen, um zu sehen, ob sie schneller gewachsen sind als Umsatz und Gewinn. Ist das der Fall, sind sie ein entschiedenes Anzeichen der Schwäche.

KAPITEL 19

RÜCKSTELLUNGEN

Sinnvollerweise unterteilt man die Rückstellungen in drei Klassen: (a) solche, die eine mehr oder weniger eindeutige Verbindlichkeit repräsentieren, (b) solche, die gegen einen Vermögenswert gebucht wurden, und (c) solche, die eigentlich Teil der Rücklagen sind.

Rückstellungen der ersten Kategorie werden für Steuern, für Unfallansprüche und für andere anhängige Rechtsstreitigkeiten gebildet, für die Erstattung von Kundenzahlungen und so weiter. Das sind meist echte laufende Verbindlichkeiten, auch wenn sie in der Bilanz manchmal getrennt von den laufenden Verbindlichkeiten geführt werden.

Die wichtigsten *Ausgleichsrückstellungen* sind diejenigen für Wertminderung und Werteverzehr. Man wird sich erinnern, dass sie in der Bilanz entweder auf der Seite der Aktiva als Abzug vom Bestandskonto oder auf der Seite der Passiva erscheinen.

Eine andere übliche Ausgleichsrückstellung ist diejenige für Verluste aus Forderungen – oder „Reserve für faule Konten". Sie wird gewöhnlich direkt von den Kunden- und Wechselforderungen abgezogen, wobei der abgezogene Betrag nicht angegeben wird.

Eine dritte bedeutende Ausgleichsrückstellung ist diejenige für die Abnahme von Vorräten. Hat man es mit einer solchen Rückstellung zu tun, muss man unbedingt wissen, ob sie eine Abnahme wiedergibt, die bereits stattgefunden hat, oder lediglich eine, die noch bevorstehen könnte. Im ersten Fall muss man davon ausgehen, dass der Bestand definitiv um den Betrag der Rückstellung gesunken ist. Wird die Rückstellung jedoch gebildet, um einen möglichen künftigen Wertverlust auszugleichen, ist sie eher als Rückstellung für Eventualverbindlichkeiten zu betrachten, und diese gehört eigentlich zu den Rücklagen. Das Gleiche gilt für Rückstellungen, die sich auf marktgängige Wertpapiere und sonstige Anlagen beziehen. Auch hier ist es wichtig, zu wissen, ob sie eine vergangene und tatsächliche oder lediglich eine mögliche Abnahme des Wertes wiedergeben.

Rückstellungen für Eventualverbindlichkeiten und andere ähnliche Rückstellungen können Unternehmensabschlüsse recht verwirrend machen, weil sie den Zeitpunkt und die Auswirkung diverser Arten von Verlusten vernebeln. Wenn ein Unternehmen in einem Jahr eine Rückstellung für eine künftige Abnahme der Vorräte bildet, erscheint es angebracht, diese Rückstellung aus den Rücklagen herauszunehmen, anstatt sie den Gewinnen zu belasten, denn der Verlust wurde ja noch nicht realisiert. Wenn dann aber im nächsten Jahr wirklich die Vorräte abnehmen, erscheint es wiederum angebracht, diesen Verlust der Rückstellung zu belasten, die für diese Eventualität gebildet wurde. Daraus folgt, dass der Verlust, obwohl er tatsächlich eingetreten ist, in keinem Jahr den Gewinn belastet und dieser somit zu hoch angegeben wurde.

Wenn beispielsweise ein Unternehmen in seinem Ertragskonto einen Reingewinn von 2.000.000 Dollar ausweist, aber die Bilanz zum Jahresende eine Rückstellung von 6.000.000 Dollar, die im Vorjahr bestanden hat, nicht ausweist, dann könnte man daraus sinnvollerweise schließen, dass das Unternehmen in dem Jahr in Wirklichkeit einen Verlust von 4.000.000 Dollar erlitten hat. Gelegentlich wird eine Rückstellung wieder in die Rücklagen zurückgebucht. Wäre die Rückstellung in Höhe von 6.000.000 Dollar in die Rücklagen zurückgebucht worden, dann würde diese Zunahme natürlich aus den Rücklagen hervorgehen, und der Reinertrag oder Nettogewinn des Unternehmens von 2.000.000 Dollar könnte als korrekt gelten.

Um sich von solchen Kunstgriffen nicht täuschen zu lassen, muss der Anleger sowohl das Ertrags- als auch das Rücklagenkonto über mehrere Jahre prüfen und dabei jegliche Beträge, die in die Rücklagen gebucht wurden, oder Rückstellungen, die wirklich Geschäftsverluste im Berichtszeitraum darstellen, angemessen berücksichtigen. Außerdem sollte der Anleger bei Branchen, in denen häufig Bestandsrückstellungen gebildet werden (zum Beispiel in der Gummi-Industrie), besonders sorgfältig darauf achten, dass er den Gewinn eines bestimmten Jahres nicht überbewertet.

Gelegentlich enthält eine Bilanz Posten wie „Rückstellung für den Ausbau von Anlagen", „Rückstellung für Betriebskapital" oder „Rückstellung für die Tilgung von Vorzugsaktien" und so weiter. Rückstellungen dieser Art stellen weder eine Schuld noch einen definitiven Abzug von irgendeinem Vermögensgegenstand dar.

Sie sind eindeutig Teil des Rücklagenkontos. Der Zweck ihrer Bildung liegt gewöhnlich darin, darauf hinzuweisen, dass sie nicht für Ausschüttungen an die Aktionäre zur Verfügung stehen. Ist dies der Fall, kann man solche Reserven als „gebundenes Eigenkapital" betrachten.

KAPITEL 20

Buchwert oder Reinvermögen

Der Buchwert eines Wertpapiers ist meistens ein eher künstlicher Wert. Es wird davon ausgegangen, dass das Unternehmen, wenn es liquidieren müsste, den Wert, zu dem seine diversen materiellen Vermögenswerte in den Büchern geführt werden, in bar erhalten würde. Die auf die verschiedenen Wertpapiere in der ihrem Rang entsprechenden Reihenfolge entfallenden Beträge wären dann ihr Buchwert. (Häufig wird statt „Buchwert" in diesem Sinne auch der Begriff „Reinvermögen" gebraucht, allerdings meist nur für Stammaktien und spekulative vorrangige Wertpapiere.)

Es ist aber eine Tatsache, dass dann, wenn das Unternehmen tatsächlich liquidiert würde, der Wert der Vermögensgegenstände wahrscheinlich viel niedriger als der in der Bilanz ausgewiesene Buchwert wäre. Beim Verkauf der Vorräte entsteht wahrscheinlich ein spürbarer Verlust, und der Wert der Sachanlagen erleidet fast mit Sicherheit eine beträchtliche Schrumpfung. In so gut wie allen Fällen machen es die gleichen widrigen Umstände, die zu der Entscheidung geführt haben, das Unternehmen zu liquidieren, unmöglich, für Maschinen und Anlagen auch nur annähernd den Anschaffungs- oder Wiederbeschaffungspreis zu erzielen.

Somit gibt der Buchwert in Wirklichkeit nicht an, wie viel die Aktionäre aus ihrem Unternehmen herausholen könnten (seinen Liquidationswert), sondern vielmehr das, was sie in das Unternehmen hineingesteckt haben, und zwar einschließlich der nicht ausgeschütteten Gewinne. Trotzdem hat der Buchwert eine gewisse Bedeutung für die Analyse, weil meist nur eine sehr grobe Beziehung zwischen dem in ein Unternehmen investierten Betrag und seinem durchschnittlichen Gewinn besteht. Es stimmt zwar, dass es viele Einzelfälle gibt, in denen Unternehmen mit geringem Vermögen hohe Gewinne erwirtschaften, während andere mit hohem Vermögen wenig oder gar nichts verdienen – aber auch in diesen Fällen muss man der Buchwertsituation eine gewisse Aufmerksamkeit schenken, denn es besteht immer die Möglichkeit, dass eine hohe Eigenkapitalrendite Wettbewerber anlockt und sich somit als vorübergehend erweist; oder dass ein großes Vermögen, das derzeit keinen Gewinn einbringt, später produktiver genutzt werden kann.

KAPITEL 21

Berechnung des Buchwerts

Wie bereits gesagt, geht man bei der Berechnung des Buchwerts davon aus, dass die Vermögensgegenstände des Unternehmens so viel wert sind wie in der Bilanz angegeben. Und in der Tat bedeutet der Buchwert einfach nur den Wert, der in den Büchern oder in der Bilanz angegeben wird.

Ein einfaches Beispiel für eine Unternehmensbilanz könnte so aussehen:

Sachanlagen	$1.000.000	**Gezeichnetes Kapital**	$1.700.000
Goodwill	$500.000	**Rücklagen**	$100.000
Umlaufvermögen	$500.000	**Laufende Verbindlichkeiten**	$200.000
	$2.000.000		$2.000.000

In diesem Fall wird das gezeichnete Kapital durch 17.000 Stammaktien im Nennwert von 100 Dollar repräsentiert. Um den

Buchwert der Stammaktien zu ermitteln, addiert man die Rücklagen in Höhe von 100.000 Dollar zu dem für die Aktien ausgewiesenen Betrag von 1.700.000 Dollar, was eine Summe von 1.800.000 Dollar ergibt. Dann sucht man auf der Aktivseite nach immateriellen Vermögensgegenständen. Dort stehen 500.000 Dollar Goodwill. Dieser wird von den 1.800.000 Dollar abgezogen, sodass ein Reinvermögen von 1.300.000 Dollar bleibt, das auf die 17.000 Stammaktien entfällt. Übrigens wird diese Zahl von 1.300.000 Dollar häufig als „Nettosachanlagen" des Unternehmens bezeichnet. Durch Division erhält man einen *Netto*-Buchwert pro Aktie von 76,47 Dollar.

Hätte man die immateriellen Vermögensgegenstände nicht abgezogen und die 1.800.000 Dollar einfach durch die 17.000 Aktien geteilt, hätte sich ein Buchwert von 105,88 Dollar ergeben. Sie werden feststellen, dass zwischen diesem Buchwert und dem Netto-Buchwert von 76,47 Dollar ein ganz schöner Unterschied besteht. Wenn nur vom „Buchwert" eines Unternehmens die Rede ist, ist damit gewöhnlich der *materielle* oder *Netto*-Buchwert gemeint. Die höhere Zahl könnte man auch als „Buchwert einschließlich immaterieller Vermögensgegenstände" bezeichnen.

KAPITEL 22

Buchwert von Anleihen und Aktien

Die Bilanz eines Unternehmens, das Anleihen, Vorzugsaktien und Stammaktien ausgegeben hat, könnte so aussehen:

Sachanlagen	$1.000.000	**7%-ige Vorzugsaktien (Nennwert 100 $)**	$600.000
Goodwill	$500.000	**Stammaktien* ohne Nennwert**	$600.000
Umlaufvermögen	$500.000	**6%-ige Anleihen auf 1. Hypothek**	$500.000
		Laufende Verbindlichkeiten	$200.000
		Rücklagen	$100.000
	$2.000.000		$2.000.000

* 17.000 Aktien

Um den Netto-Buchwert (die Netto-Sachanlagen) der Anleihen zu ermitteln, zählt man die jeweiligen Zahlen für die Anleihen, die Vorzugsaktien, die Stammaktien und die Rücklagen zusammen, und von dieser Summe in Höhe von 1.800.000 Dollar zieht man den Goodwill in Höhe von 500.000 Dollar ab, sodass Netto-Sachanlagen in Höhe von 1.300.000 Dollar übrig bleiben, die auf die Anleihen im Wert von 500.000 Dollar entfallen. Somit hätte jede Anleihe im Wert von 1.000 Dollar einen Buchwert von 2.600 Dollar.

Um den Netto-Buchwert der Vorzugsaktien zu ermitteln, werden die Anleihen herausgenommen und nur die Zahlen für die Vorzugsaktien, die Stammaktien und die Rücklagen zusammengezählt und ebenso wie zuvor der Goodwill abgezogen, sodass ein Netto-Sachvermögen von 800.000 Dollar verbleibt, das auf 6.000 Vorzugsaktien entfällt, also ein Netto-Buchwert je Vorzugsaktie von 133,33 Dollar.

Der erste Schritt der Ermittlung des Netto-Buchwerts von Stammaktien bei Vorliegen von Vorzugsaktien besteht darin, den Liquidationswert der Vorzugsaktien zu betrachten. Häufig haben Vorzugsaktien bei einer Liquidation (Ablösung) Anspruch auf mehr als ihren Nennwert – und bei nennwertlosen Aktien ist es ohnehin notwendig, sich den Liquidationswert anzusehen. In diesem speziellen Fall haben die Vorzugsaktien einen Liquidationswert von 105 Dollar pro Stück, also insgesamt 630.000 Dollar. Als Nächstes ermittelt man die auf die Vorzugsaktien entfallenden Sachanlagen – die obigen 800.000 Dollar – und zieht davon den gesamten Liquidationswert der Vorzugsaktien von 630.000 Dollar ab. Der Restbetrag von 170.000 Dollar ist das Netto-Sachvermögen, das auf die 17.000 nennwertlosen Stammaktien entfällt, also ergibt sich ein Buchwert je Aktie von 10 Dollar.

Wenn aufgelaufene Dividenden auf die Vorzugsaktien vorliegen, müssen auch sie bei der Berechnung des Buchwerts der

Stammaktie (oder einer nachrangigen Vorzugsaktie) abgezogen werden. Manchmal müssen auch Beteiligungsansprüche einer Vorzugs- oder einer A-Aktie berücksichtigt werden.

Manchmal spiegelt der Wert im Fall einer Ablösung auch den Anspruch auf Gewinne nicht wider und es ist besser, die Vorzugsaktien mit einer Zahl zu bewerten, die ihren Dividendensatz angemessen widerspiegelt. (Man könnte sie als „effektiven Nennwert" bezeichnen.) Zum Beispiel könnte es im vorliegenden Fall angebracht sein, eine nicht vorzeitig kündbare Vorzugsaktie zu 8 Dollar auch dann, wenn sie im Fall einer Ablösung Anspruch auf nur 100 Dollar hätte, auf 5-prozentiger Basis – also 160 Dollar je Aktie – abzuziehen, um das Restvermögen zu ermitteln, das für die Stammaktien übrig bliebe.

KAPITEL 23

Sonstige Buchwertposten

Bei der Berechnung des Buchwerts eines Wertpapiers werden die verschiedenen Formen von Rücklagen alle schlicht als Rücklagen behandelt. Zum Beispiel kann es sein, dass ein Unternehmen Kapitalrücklagen, gebundenes Eigenkapital, Emissionsagio, Gewinn- und Verlustrücklagen oder Reserven aus Reingewinn ausweist. Sie werden alle zusammengezählt und als Rücklagen betrachtet.

Im Kapitel über Rückstellungen wurde erwähnt, dass manche Arten von Rückstellungen eigentlich zu den Rücklagen gehören. Dazu zählen Rückstellungen für Eventualverbindlichkeiten (außer wenn sie sich auf die feststehende und relativ wahrscheinliche Zahlung oder einen entsprechenden Wertverlust beziehen), allgemeine Rückstellungen, Rückstellungen für Dividenden, Rückstellungen für die Tilgung von Vorzugsaktien, Rückstellungen für Ausbauten, Rückstellungen für Betriebskapital und so weiter. Auch Rückstellungen für Versicherungen kann man berechtigterweise zur gleichen Klasse zählen, hingegen sind Pensionsrückstellungen echte Verbindlichkeiten und dürfen nicht zu den Rücklagen gerechnet werden.

Rückstellungen, die mit Rücklagen gleichzusetzen sind (manchmal als freie Reserven bezeichnet) und wirklich Teil der Rücklagen sind, müssen bei der Berechnung des Buchwerts zu den Rücklagen gezählt werden. Bei der Berechnung des Buchwerts müssen alle immateriellen Vermögensgegenstände abgezogen werden. Aktive Rechnungsabgrenzungsposten wie der Gründungsaufwand und nicht getilgte Obligationsdisagien sollten ebenfalls davon ausgenommen werden.

KAPITEL 24

Liquidationswert und Nettoumlaufvermögen

Der Liquidationswert unterscheidet sich insofern vom Buchwert, als er den Wertverlust bei der Liquidation berücksichtigen sollte. Es ist offenkundig sinnlos, vom Liquidationswert einer Eisenbahngesellschaft oder eines typischen öffentlichen Versorgungsunternehmens zu sprechen. Hingegen lässt sich der Liquidationswert einer Bank, einer Versicherung oder eines typischen Investmentfonds (oder einer Kapitalanlagegesellschaft) mit einer ausreichenden bis hohen Genauigkeit berechnen. Und wenn er deutlich über dem Marktpreis liegt, kann das wirklich etwas bedeuten.

Bei Industriekonzernen kann der Liquidationswert ein sinnvolles Konzept sein oder auch nicht – je nach Art der Vermögensgegenstände und der Kapitalstruktur. Besonders interessant ist er, wenn das Umlaufvermögen einen relativ großen Teil des Gesamtvermögens darstellt und die vor den Stammaktien fälligen Verbindlichkeiten verhältnismäßig niedrig sind. Dem ist so, weil das Umlaufvermögen bei einer Liquidation viel geringere Verluste erleidet als die Sachanlagen. Bei manchen Liquidationen bringen die Sachanlagen gerade mal genug ein, um die Schrumpfung des Umlaufvermögens auszugleichen.

Daher stellt der „Wert des Umlaufvermögens" von Wertpapieren eines Industrieunternehmens wahrscheinlich ein grobes Maß für den Liquidationswert dar. Man ermittelt ihn, indem man das Nettoumlaufvermögen (oder das Betriebskapital) nimmt und davon die vollständigen Ansprüche aller vorrangigen Wertpapiere abzieht. Wenn eine Aktie weit unter dem entsprechenden Nettoumlaufvermögen gehandelt wird, ist dies immer von Interesse, auch wenn es keinesfalls ein schlüssiger Beweis dafür ist, dass das Papier unterbewertet ist.

KAPITEL 25

ERTRAGSKRAFT

Außerhalb des Bereichs der Banken, Versicherungsgesellschaften und vor allem der Kapitalanlagegesellschaften ist es die Ausnahme, dass der Buchwert oder der Liquidationswert bei der Wertpapieranalyse eine wichtige Rolle spielt. In der großen Mehrzahl der Fälle hängt die Attraktivität eines Investments von der Ertragskraft ab, die dahintersteht. Der Begriff „Ertragskraft“ sollte in der Bedeutung gebraucht werden, dass damit die Gewinne gemeint sind, die in einem künftigen Zeitraum vernünftigerweise zu erwarten sind. Da die Zukunft weitgehend unvorhersehbar ist, sind wir meistens geneigt, entweder die aktuellen oder die früheren Gewinne als Anhaltspunkt zu nehmen und diese Zahlen als Grundlage für die Erstellung einer vernünftigen Schätzung der künftigen Gewinne zu verwenden.

Wenn über mehrere Jahre mehr oder weniger normale konjunkturelle Bedingungen geherrscht haben, kann der durchschnittliche Gewinn über diesen Zeitraum einen besseren Hinweis auf die Ertragskraft bieten als die aktuelle Zahl allein. Das gilt insbesondere, wenn es um die Frage geht, ob eine Anleihe oder eine Vorzugsaktie eine sichere Anlage ist.

In den nächsten Kapiteln werden die Bestandteile einer Erfolgsrechnung besprochen.

KAPITEL 26

Typisches Ertragskonto eines öffentlichen Versorgungsunternehmens

Das nun folgende konsolidierte Ertragskonto einer öffentlichen Versorgungsholding und ihrer Tochterunternehmen kann als repräsentativ gelten:

American Gas and Electric Company

(Für das Jahr, das am 31. Dezember 1935 endete)

Betriebsertrag		$64.936.196
Betriebsaufwendungen	$20.379.243	
Instandhaltungskosten	$3.542.460	
Abschreibung auf Sachanlagen	$8.730.973	
Betriebsergebnis		$23.618.725
Sonstige Erträge		$728.672
Sonstige Erträge (Muttergesellschaft)		$279.629
Gesamtertrag		$24.627.026
Aufwendungen der Muttergesellschaft (einschließlich Steuern)	$467.265	

Für Fixkosten zur Verfügung stehender Restbetrag		$24.159.761
Vorzugsdividenden von Tochtergesellschaften	$3.104.342	
Abzüge für Zinsen und Sonstiges (Tochtergesellschaften)	$7.936.175	
Abzüge für Zinsen und Sonstiges (Muttergesellschaft)	$2.562.802	
Reinertrag		$10.556.442
Vorzugsdividenden	$2.133.738	
Dividenden auf Stammaktien	$6.267.073	
Zuführungen zu Rücklagen:		
Diverse Darlehen		$40.862
Abzüge von Rücklagen:		
Agio, nicht getilgtes Disagio und Aufwendungen auf abgelöste Anleihen	$306.441	
Konten liquidierter Tochtergesellschaften	$47.612	
Diverse Darlehen:		
Berichtigung des Buchwerts von Aktien und Anleihen anderer Gesellschaften	$87.397	
Steuerzahlungen für Vorjahre	$33.496	
Diverse Darlehen	$1.417	
Rücklage für das Vorjahr		$66.609.188
Gewinn- und Verlustrücklage (laut Bilanz)		$68.329.732

Ein paar Erläuterungen diverser Posten in diesem Ertragskonto dürften nützlich sein.

Der Betriebsertrag oder Bruttoertrag wird häufig nach Herkunft aufgeteilt – zum Beispiel Strom, Gas, Wasser, Transport und so weiter. Die Betriebsaufwendungen enthalten Kosten für Materialien, Arbeit, Verwaltung (Gemeinkosten) und so weiter. Instandhaltung und Abschreibungen werden später noch behandelt. Die Steuern werden häufig in kommunale, bundesstaatliche und diverse Bundessteuern einerseits sowie Ertragsteuern des Bundes andererseits aufgeschlüsselt.

Die sonstigen Erträge stammen aus anderen Quellen als den regulären Verkäufen an Kunden, und sie beziehen sich meistens auf Einnahmen aus Geldanlagen sowie – im Fall einer Holdinggesellschaft – Gebühren für verschiedenartige Dienstleistungen an die Tochtergesellschaften.

Die in den Fixkosten enthaltenen sonstigen Abzüge umfassen Abschreibungen auf Anleihen und (manchmal) Miet- und Pachtzinsen.

Die Dividenden auf Vorzugsaktien von Tochtergesellschaften sind Dividenden auf im Umlauf befindliche Vorzugsaktien in Streubesitz und somit nicht im Besitz der Muttergesellschaft. In ähnlicher Weise bedeutet „Minderheitsbeteiligungen“ den Anteil an den Gewinnen von Tochtergesellschaften, der auf die Aktien in Streubesitz entfällt. (Natürlich befindet sich die Mehrheit der Stammaktien im Besitz der Holdinggesellschaft.)

Die Zuführungen zu den Rücklagen, die nicht in dem eigentlichen Ertragskonto enthalten sind, beziehen sich auf Einkünfte, die streng genommen nicht zum Geschäftsbetrieb des Berichtsjahrs gehören, zum Beispiel Berichtigung der vorjährigen Steuern und von früher gebildeten Rückstellungen, Erstattungen und so weiter. In ähnlicher Weise beinhalten die Abzüge von den Rücklagen Posten wie Verluste aus Wertpapierverkauf und Grundstücksverkauf, Aufwendungen für die Begebung von Wertpapieren, pauschal abgeschriebene Obligationsdisagien und so weiter. Buchungen auf Rücklagen müssen immer daraufhin überprüft werden, ob sie sich auf den tatsächlichen Gewinn eines mehrjährigen Zeitraums auswirken.

KAPITEL 27

Typisches Ertragskonto eines Industrieunternehmens

American Rolling Mill Company

(Für das Jahr, das am 31. Dezember 1935 endete)

Nettoumsatz		$76.799.000
Umsatzkosten	$56.251.000	
Vertriebs-, Gemein- und Verwaltungskosten	$5.631.000	
Instandhaltung und Reparaturen	$5.858.000	
Rückstellung für zweifelhafte Forderungen	$174.000	
Mieten und Gebühren	$128.000	
Steuern (außer Ertragsteuern)	$660.000	
Betriebsertrag		$8.097.000
Sonstige Erträge (netto)		$1.391.000
Gesamtertrag		$948.800
Abschreibungen für Wertminderung und Werteverzehr	$2.076.000	
Ertragsteuern	$615.000	
Zinsen und Disagien	$2.483.000	

Minderheitsbeteiligungen	$4.000	
Reinertrag		$4.310.000
Vorzugsdividenden	$348.000	
Dividenden auf Stammaktien	$1.068.000	
Diverse Zuführungen zu Rücklagen		$130.000
Diverse Abzüge von Rücklagen	$1.830.000	
Zunahme der Rücklage im Geschäftsjahr		$1.194.000
Rücklage im Vorjahr		$14.634.000
Gewinn- und Verlustrücklage (31.12.1935)		$15.828.000

Der Nettoumsatz ist der Umsatz abzüglich Erstattungen und Gebühren. Die Umsatzkosten sind in diesem Fall die Herstellungskosten einschließlich Arbeitskraft, Materialien und laufenden Werkskosten außer Instandhaltungskosten, die hier separat aufgeführt sind. Die anderen Posten der Erfolgsrechnung sind selbsterklärend. In diesem Fall sind in Vorzugsdividenden 12 Dollar je Aktie – insgesamt 230.000 Dollar – zur Berücksichtigung von Kumulationen enthalten. Der Bedarf für die reguläre jährliche Vorzugsdividende betrug nur 116.000 Dollar.

KAPITEL 28

Typisches Ertragskonto einer Eisenbahngesellschaft

Alle Abschlüsse von Eisenbahngesellschaften werden auf einer einheitlichen Grundlage gemäß den Vorschriften der Interstate Commerce Commission erstellt. Diese Abschlüsse sind zu ausführlich, um sie hier vollständig darzustellen. Die nun folgende Zusammenfassung zeigt nur die wichtigsten Bestandteile des Ertragskontos.

Union Pacific R.R. Co.

(Für das Geschäftsjahr, das am 31. Dezember 1935 endete)

Betriebsertrag		$129.405.000
Instandhaltung von Strecken und Bauten	$15.510.000	
Instandhaltung von Ausrüstung	$23.924.000	
Sonstige Betriebsaufwendungen	$53.968.000	$93.402.000
Nettobetriebsertrag		$36.003.000
Steuern	$9.967.000	

Uneinbringliche Erlöse		$46.000		$10.013.000
Betriebsertrag aus Eisenbahnbetrieb				$25.990.000
Pachtzins für Anlagen (netto)	S	$6.895.000		
Pachtzins für gemeinsam genutzte Anlagen (netto)	S	$510.000	S	$7.375.000
Nettobetriebsertrag aus Eisenbahnbetrieb				$18.615.000
Sonstige Erträge:				
Vereinnahmte Zinsen und Dividenden		$14.329.000		
Sonstiges		$924.000		$15.253.000
Bruttoertrag				$33.868.000
Diverse Abzüge				$813.000
Für Fixkosten zur Verfügung stehendes Vermögen				$33.055.000
Fixkosten:				
Zinsen auf langfristige Verbindlichkeiten		$14.438.000		
Sonstige Lasten		$82.000		$14.520.000
Reinertrag				$18.535.000
Vorzugsdividenden		$3.982.000		
Dividenden auf Stammaktien		$13.337.000		
Tilgungsfonds		$10.000		$17.329.000
				$1.206.000
Zuführungen zu Rücklagen – diverse Kredite			H	$106.000
Abzüge von Rücklagen:				
Verlust aus Stilllegung von Sachanlagen		$5.980.000		
Diverse Belastungen		$285.000	S	$6.265.000
Nettoverminderung der Rücklage im Geschäftsjahr				$4.953.000
Gewinn- und Verlustrücklage 31. Dezember 1934 (laut Bilanz)				$254.178.000
Gewinn- und Verlustrücklage 31. Dezember 1935 (laut Bilanz)				$249.225.000

Die englischen Benennungen dieser Posten sind durch die Regeln der I.C.C. offiziell vorgeschrieben. Für manche davon werden häufig auch geläufigere Bezeichnungen verwendet, zum Beispiel:

Offizielle Bezeichnung	**Geläufige Bezeichnung**
Betriebsertrag	Bruttogewinn
Betriebsertrag aus Eisenbahnbetrieb	Gewinn nach Steuern
Nettobetriebsertrag aus Eisenbahnbetrieb	Gewinn nach Mieten und Pachten
Reinertrag	Saldo für Dividenden

Der Pachtzins für gemeinsam genutzte Anlagen beinhaltet bezahlte (S) oder empfangene (H) Beträge für die Nutzung von Bahnhofseinrichtungen oder Gleisanlagen gemeinsam mit einer anderen Bahngesellschaft. Die Fixkosten beinhalten nicht nur Anleihezinsen, sondern auch sonstige Zins- und Mietzahlungen für Bahnstrecken (die im Rahmen des Netzes betrieben werden). Die sonstigen Abzüge umfassen Steuern, die auf Immobilien außerhalb des Eisenbahnbereichs anfallen, diverse Zahlungen auf Sicherheiten und so weiter.

KAPITEL 29

Berechnung des Gewinns

Wenn man eine bestimmte Anleihe untersucht, ist die wichtigste Zahl das Vielfache der gesamten Zinsbelastung (und vergleichbarer Belastungen), das als Gewinn anfällt. Aufwendungen, die den gleichen Charakter wie Anleihezinsen haben (zum Beispiel sonstige Zinsen, Miete und Pacht, Tilgung von Obligationsdisagio) sollten dabei ebenfalls berücksichtigt werden, und es sollte errechnet werden, wie vielfach diese „Fixkosten" durch den Gewinn gedeckt sind. Bei den Anleihen von öffentlichen Versorgern und anderen Holdinggesellschaften müssen gewöhnlich auch die Vorzugsdividenden der Tochtergesellschaften als Fixkosten betrachtet werden, denn sie müssen möglicherweise ausgeschüttet werden, bevor Erlöse für die Anleihen der Muttergesellschaft zur Verfügung stehen.

Die Deckung der Zins- oder Fixkosten wird natürlich berechnet, indem man den dafür zur Verfügung stehenden Gewinn durch sie teilt. Streng genommen bräuchten die Ertragsteuern zuvor nicht vom Gewinn abgezogen zu werden, aber häufig ist dies praktischer, und außerdem führt es zu einem zurückhaltenderen Ergebnis. Der für die Fixkosten zur Verfügung stehende Gewinn lässt sich oft am einfachsten dadurch herausfinden, dass man rückwärts rechnet: Man nimmt den für Dividenden zur Verfügung stehenden Restbetrag (Reinertrag) und zählt die Fixkosten hinzu.

Bei einer vorrangigen Anleihe kann es sinnvoll sein, außerdem die Zinsdeckung ohne Berücksichtigung der Kosten für nachrangige Anleihen zu berechnen. Das ist allerdings nur eine ergänzende Kennzahl, die man immer zusammen mit der Gesamtdeckung betrachten muss. Es ist nie korrekt, nur die Deckung einer nachrangigen Anleihe zu berechnen, nachdem man vom Ertrag die Kosten für die vorrangigen Anleihen abgezogen hat. Das kann nämlich zu sehr irreführenden Ergebnissen führen und kann bei einer nachrangigen Anleihe mit geringem Volumen anzeigen, sie sei sicherer als die vorrangigen Anleihen – und das ist ja definitiv absurd.

Wenn eine Vorzugsaktie vorliegt, *gegenüber der keine Anleihen vorrangig* sind, lassen sich die dafür zur Verfügung stehenden Gewinne entweder in Form des Gewinns in Dollar je Aktie oder dadurch angeben, in welchem Umfang die Dividenden gedeckt sind. Wenn es hingegen ausstehende Anleihen gibt, darf man die Dividendendeckung der Vorzüge nur in Verbindung mit den Fixkosten oder den Zinskosten berechnen. Anders gesagt muss man berechnen, wie oft *die Summe aus Fixkosten und Vorzugsdividenden* in den Gewinn hineinpasst. In solchen Fällen ist es zwar gängige Praxis, die Vorzugsdividende getrennt zu berechnen, aber diese Methode ist falsch, wenn die Papiere zu Anlagezwecken gekauft werden, und sie kann dann zu ernstlich irreführenden Ergebnissen führen.

Die Gewinne auf Stammaktien werden stets in Dollar je Aktie angegeben, und sie werden natürlich nach Abzug des vollen jährlichen Dividendensatzes der Vorzugsaktien einschließlich einer etwaigen Gewinnbeteiligung berechnet. (Ausstehende frühere Dividenden auf eine Vorzugsaktie werden bei der Berechnung des für die Stammaktien zur Verfügung stehenden Betrags nicht vom laufenden Gewinn abgezogen, aber das Vorhandensein solcher aufgelaufenen Dividenden muss selbstverständlich berücksichtigt werden.)

Gewinnberechnungen 1935

Betriebsertrag	**Beispiel A Amer. Gas & Elec. Co.**	**Beispiel B Amer. Rolling Mill**	**Beispiel C Union Pac. R.R.**
Für Fixkosten zur Verfügung stehender Gewinn	$24.159.761	$6.793.000	$33.055.000
Summe Fixkosten	$13.603.319	$2.483.000	$14.520.000
Deckungsfaktor der Fixkosten durch den Gewinn	1,78	2,73	2,28
Fixkosten und Vorzugsdividenden	$15.737.057	$2.595.000	$18.502.000
„Gesamt"-Deckungsfaktor der Vorzugsdividenden	1,54	2,61	1,79
Restbetrag für Stammaktien	$8.422.704	$4.198.000	$2.223.000
Gewinn je Stammaktie	$1,88	$2,26	$6,55

Anmerkungen: Der für die Fixkosten zur Verfügung stehende Gewinn wird nach Abzug der Bundesertragsteuern und der Minderheitsbeteiligungen angegeben. Das ist die konservativste Methode.

Die Vorzugsdividenden der American Rolling Mill Company wurden mit dem Regelsatz von 6 Dollar angegeben, also ohne

Berücksichtigung der 1935 abgezahlten zuvor aufgelaufenen Dividenden. Die Vorzugsdividenden der American Gas & Electric Company wurden zu ihren jährlichen Regelsätzen angegeben. Es ist üblich, den Gewinn je Vorzugsaktie folgendermaßen zu berechnen:

	Beispiel A	**Beispiel B**	**Beispiel C**
Für Vorzugsdividenden zur Verfügung stehender Restbetrag	$10.556.442	$4.310.000	$18.535.000
Anzahl Vorzugsaktien	355.623	19.324	995.000
Gewinn je Vorzugsaktie	$29,68	$223,05	$1,62

Derartige Berechnungen müssen mit Vorsicht genossen werden und dürfen nur in Verbindung mit der Deckung der Fixkosten und der Vorzugsdividenden betrachtet werden.

KAPITEL 30

DER INSTANDHALTUNGS- UND WERTMINDERUNGSFAKTOR

Eine gründliche Analyse eines Ertragskontos berücksichtigt eine Reihe von Faktoren, für deren Besprechung hier der Platz nicht ausreicht. Jedoch soll hier einiges über Instandhaltung und Wertminderung gesagt werden. Setzt man diese Posten zu hoch oder zu niedrig an, kommen leicht zu niedrige oder zu hohe Gewinne heraus. Die Instandhaltungskosten sind vor allem im Eisenbahnsektor von Bedeutung. Der übliche Anteil der Instandhaltung (von Strecken und Ausrüstung/Anlagen) beträgt 32 bis 36 Prozent des Bruttoertrags. Eine hohe Abweichung von diesem Bereich deutet darauf hin, dass eine Korrektur der gemeldeten Gewinne notwendig sein könnte, und verlangt auf jeden Fall weitere Untersuchungen.

Bei öffentlichen Versorgern ist die Abschreibung für Wertminderung von großer Bedeutung. Eigentlich stellt sie zwar einen gewissen Anteil des Anlagevermögens dar, jedoch ist es gewöhnlich praktischer, sie im Verhältnis zum Bruttoertrag zu betrachten. In den meisten Fällen liegt eine angemessene Abschreibung auf materielle Vermögensgegenstände zwischen acht und zwölf Prozent des Bruttoertrags. Manche Unternehmen geben in den für die Aktionäre bestimmten Abschlüssen eine beträchtlich niedrigere Zahl an als die reguläre „lineare" Abschreibung, die sie zu steuerlichen Zwecken vornehmen. Eine solche Diskrepanz verdient sorgfältige Beachtung. Sie kann nämlich bedeuten, dass die Anleihen eines Unternehmens konservativ betrachtet nicht annähernd so sicher sind, wie sie aussehen, oder dass auf die Stammaktien in Wirklichkeit nicht so viel Gewinn entfällt wie an die Aktionäre gemeldet.

Bei Industrieunternehmen sind die berücksichtigten Aufwendungen für Instandhaltung und Wertminderung nicht annähernd so bedeutsam wie bei Eisenbahnen und Versorgern. Seit einigen Jahren besteht die Tendenz, die Abschreibungen auf das Anlagevermögen massiv zu senken – in manchen Fällen sogar auf einen Dollar –, um den Betrag für die jährliche Abschreibung „zu sparen" und so den Gewinn höher erscheinen zu lassen. Damit streut man den Aktionären bloß Sand in die Augen, denn unabhängig von den Zahlen, die in den Büchern stehen, finden im Laufe des Jahres ganz konkret Abnutzung und Verschleiß statt, die sich im fairen Marktwert niederschlagen.

In sehr seltenen Fällen werden Abschreibungen auch zu hoch angegeben, weil entweder zu hohe Sätze verwendet werden oder der Bezugswert weit über den Wiederbeschaffungskosten angesetzt wird. Es gibt auch Sonderfälle, in denen ein Anleger die Aktien zum bloßen Wert des Umlaufvermögens bekommt und somit nichts für das Anlagevermögen bezahlt – in diesem Fall ist er berechtigt, die Aufwendungen des Unternehmens für Abschreibungen bei seinen eigenen Berechnungen zu ignorieren oder wesentlich zu senken. Ähnliches gilt für die Abschreibungen eines Unternehmens für Werteverzehr.

Die neuesten vorliegenden Zahlen zu den Beträgen, die die Unternehmen für Wertminderungen beiseitegelegt haben, beziehen sich auf das Jahr 1933. Für dieses Jahr meldeten 72 Gesellschaften, die Bodenschätze wie Kohle, Erz, Öl und so weiter fördern, im Schnitt Abschreibungen für Wertminderung, Werteverzehr und Veralterung auf den Nettosachwert vom 31. Dezember 1932 in Höhe von 7,1 Prozent. Man kann das als praktischen Vergleichsmaßstab ansetzen. In anderen Branchen, zum Beispiel im verarbeitenden Gewerbe, wiesen 80 Konzerne im Jahr 1933 durchschnittliche Abschreibungen für Wertminderung und Veralterung in Höhe von 4,5 Prozent des Nettosachwerts aus. 37 Einzelhandelsunternehmen wiesen 1933 Abschreibungen für Wertminderung und Veralterung von durchschnittlich 5,2 Prozent aus. Man kann also in aller Regel bei Unternehmen, die keine Bodenschätze fördern, einen jährlichen Abschreibungssatz von circa fünf Prozent als angemessen betrachten.

KAPITEL 31

DIE SICHERHEIT VON ZINSEN UND VORZUGSDIVIDENDEN

Das wichtigste Kriterium bei der Analyse einer mündelsicheren Anleihe („Investment Grade") ist die Deckung der Fixkosten. Bei einer Vorzugsaktie hoher Bonität prüft man analog dazu die Deckung der Summe aus Fixkosten und Vorzugsdividenden. Am besten verwendet man dafür den Durchschnitt aus zehn Jahren, und wenn man einen kürzeren Zeitraum verwendet, kann es sinnvoll sein, völlig anormale Jahre wie 1931 und 1932 herauszunehmen. Bei der Investition in Anleihen und Vorzugsaktien werden die nun folgenden Mindest-„Gesamtdeckungen" empfohlen. (Diese Zahlen sind höher als die üblicherweise empfohlenen, aber es schadet nichts, bei der Wahl von Geldanlagen etwas zu vorsichtig zu sein.)

Mindestwerte für die durchschnittliche Gewinndeckung

	ANLEIHEN Gewinn als Vielfaches der gesamten Fixkosten	VORZUGSAKTIEN Gewinn als Vielfaches der Summe aus den gesamten Fixkosten und der Vorzugsdividenden
Versorgungsunternehmen	1,75	2
Eisenbahngesellschaften	2	2,50
Industriekonzerne	3	4

Untersucht man ein Ertragskonto zu Anlagezwecken, achtet man unter anderem auf folgende weitere Faktoren: (1) die Erfolgskennziffer (Operating Ratio) – die Betriebsaufwendungen geteilt durch den Gesamterlös oder den Umsatz; sie ist ein Maß für die betriebliche Effizienz des Unternehmens sowie seiner Fähigkeit, Rückgänge der Absatzzahlen oder der Verkaufspreise abzufangen; (2) das Verhältnis der Fixkosten (oder der Fixkosten plus Vorzugsdividenden) zum Bruttoertrag; (3) der Aufwand für Instandhaltung und Wertminderung; (4) Art und Höhe von Rücklagenposten, die nicht im Ertragskonto stehen.

Bei der Untersuchung dieser Zahlen sollte man verschiedene Unternehmen des gleichen Bereichs sowie verschiedene Jahre des gleichen Unternehmens miteinander vergleichen.

KAPITEL 32

TRENDS

Eine beständige Veränderung eines wichtigen Faktors im Ertragskonto über einen gewissen Zeitraum bezeichnet man als Trend. Die wichtigsten Trends sind natürlich die der Zinsdeckung und der Deckung der Vorzugsdividenden sowie die Entwicklung der für die Stammaktien zur Verfügung stehenden Gewinne – aber diese Trends oder Entwicklungen gehen ihrerseits aus günstigen oder ungünstigen Entwicklungen des Bruttoumsatzes, der Betriebskennziffer und der Fixkosten hervor.

Es liegt auf der Hand, dass es wünschenswert ist, dass ein Unternehmen beim Bruttoertrag und beim Reinertrag positive Entwicklungen aufweist. Wertpapiere eines Unternehmens, die einen entschieden ungünstigen Trend offenbaren, sollte man nicht als gewöhnliche Geldanlage kaufen – auch wenn der Deckungsgrad immer noch hoch sein mag –, außer wenn man davon überzeugt ist, dass sich der Trend bald von selbst korrigieren wird. Andererseits besteht die Gefahr, einem vorteilhaften Trend zu viel Bedeutung beizumessen, denn das kann zu einer Enttäuschung führen. Bei Anlagepapieren sollte man am besten in allen Fällen verlangen, dass der *durchschnittliche* Gewinn eine zufriedenstellende Deckung der Zinsen und der Vorzugsdividenden aufweist.

Bei der Auswahl von Stammaktien ist es wichtiger als beim Kauf sicherer Anleihen, den sich abzeichnenden Trend zu berücksichtigen, denn der Kurs einer Stammaktie kann beträchtlich steigen, wenn sich der Trend fortsetzt. Jedoch ist es gut, sich, bevor man eine Aktie wegen ihres günstigen Trends kauft, zwei Fragen zu stellen: (a) Wie sicher bin ich, dass sich dieser günstige Trend fortsetzen wird, und (b) einen wie hohen Preis bezahle ich im Voraus für die erwartete Fortsetzung des Trends?

KAPITEL 33

Kurse und Bewertungen von Stammaktien

Allgemein ausgedrückt wird der Kurs von Stammaktien von den voraussichtlichen Unternehmensgewinnen gesteuert. Diese voraussichtlichen Gewinne lassen sich natürlich nur schätzen oder prophezeien, und das gegenwärtige Verhalten des Aktienmarkts wird gewöhnlich vom angezeigten Trend bestimmt. Der Trend seinerseits wird anhand der früheren und der aktuellen Zahlen abgeschätzt, auch wenn manchmal die Erwartung einer recht neuen Entwicklung dabei eine entscheidende Rolle spielt.

Somit hängt der Kurs von Stammaktien weniger als von den früheren oder aktuellen Gewinnen an sich als davon ab, wie die Anlegeröffentlichkeit die künftigen Gewinne einschätzt. (Außerdem gibt es bedeutende allgemeine oder technische Einflüsse, die sich auf Aktienkurse auswirken – zum Beispiel die Kreditbedingungen, die politischen und die psychologischen Bedingungen

–, die möglicherweise keine enge Beziehung zu Schätzungen der künftigen Gewinne haben; aber solche Einflüsse schlagen sich entweder irgendwann im Gewinn nieder oder erweisen sich als eher vorübergehend.)

Im Normalfall ist der Kurs einer Aktie das Ergebnis der vielen Schätzungen, wie die Gewinne in den nächsten sechs Monaten, im nächsten Jahr oder noch weiter in die Zukunft aussehen werden. Manche dieser Schätzungen können vollkommen unzutreffend sein, andere überaus genau; aber das, was den aktuellen Kurs einer Aktie bestimmt, sind vor allem die Käufe und Verkäufe seitens der vielen Menschen, die diese diversen Schätzungen anstellen.

Die herrschende Auffassung, eine Stammaktie sollte zu einem bestimmten Kurs-Gewinn-Verhältnis gehandelt werden, muss mehr als Ergebnis praktischer Erfordernisse und weniger unter logischen Gesichtspunkten betrachtet werden. Der Markt trägt dem Trend oder den künftigen Aussichten Rechnung, indem er verschiedenartigen Unternehmen verschiedene Kurs-Gewinn-Verhältnisse zuweist. Stammaktien von Unternehmen, bei denen die Möglichkeiten der Gewinnsteigerung nur gering sind, werden gewöhnlich zu relativ niedrigen Kurs-Gewinn-Verhältnissen (weniger als das 15-Fache des laufenden Gewinns) gehandelt; Stammaktien mit guten Aussichten darauf, ihre Gewinne zu steigern, werden gewöhnlich zu einem hohen Kurs-Gewinn-Verhältnis (mehr als das 15-Fache des laufenden Gewinns) gehandelt. Daher kann es sein, dass zwei Aktien den gleichen Gewinn pro Aktie aufweisen, den gleichen Dividendensatz ausschütten und in einer gleich guten Finanzlage sind, aber trotzdem Aktie ABC doppelt so teuer verkauft wird wie Aktie XYZ, weil die Käufer von Wertpapieren ganz einfach glauben, dass

Aktie ABC im nächsten Jahr und in den Jahren danach viel mehr Gewinn erzielen wird als Aktie XYZ.

Wenn weder ein Boom noch eine tiefe Depression auf den Markt wirkt, ist das Urteil der Öffentlichkeit über einzelne Papiere, das sich in den Börsenkursen ausdrückt, gewöhnlich ganz gut. Wenn der Marktpreis eines Papiers anscheinend nicht im Einklang mit den verfügbaren Zahlen und Fakten steht, stellt sich häufig hinterher heraus, dass der Kurs künftige Entwicklungen berücksichtigte, die oberflächlich noch nicht erkennbar waren. Seitens des Aktienmarkts besteht allerdings häufig die Tendenz, die Wirkung von Gewinnänderungen sowohl in die günstige als auch in die ungünstige Richtung zu übertreiben. Dies äußert sich in Zeiten des Aufschwungs oder der Depression am Markt als Ganzem und zu anderen Zeiten bei einzelnen Unternehmen.

Im Grunde ist die Fähigkeit, Wertpapiere – insbesondere Stammaktien – erfolgreich zu kaufen, die Fähigkeit, zutreffend vorauszuschauen. Der Blick zurück, sei er auch noch so sorgfältig, kann nicht ausreichen und richtet womöglich mehr Schaden an, als er Gutes bewirkt. Die Auswahl von Stammaktien ist eine schwierige Kunst – was sich von selbst versteht, denn im Erfolgsfall bietet sie einen hohen Lohn. Sie erfordert ein geschicktes geistiges Abwägen zwischen den Tatsachen der Vergangenheit und den Möglichkeiten der Zukunft.

KAPITEL 34

FAZIT

In den vorangegangenen Kapiteln haben Sie die verschiedenen Faktoren gesehen, die beim Lesen von Finanzabschlüssen beachtet werden müssen. Durch Prüfung der Abschlüsse kann man sich eine Meinung über die gegenwärtige Lage und die Möglichkeiten eines Unternehmens bilden. Der Buchwert und die Ertragskraft eines Unternehmens, seine Finanzlage im Vergleich zu anderen Unternehmen der gleichen Branche, die Gewinnentwicklung und die Fähigkeit des Managements, die sich stetig verändernden Bedingungen zu bewältigen – alle diese Faktoren wirken sich in bedeutender Weise auf den Wert der Wertpapiere von Unternehmen aus.

Es gibt aber noch andere Faktoren, die außerhalb der Kontrolle des Unternehmens liegen und deren Einfluss auf den Wert seiner Wertpapiere vielleicht genauso bedeutend ist. Die Aussichten der Branche, die allgemeinen Konjunktur- und

Börsenbedingungen, Zeiten der Inflation oder Depression, künstliche Einflussnahmen auf den Markt, die allgemeine Gunst einer bestimmten Art von Wertpapieren – diese Faktoren lassen sich nicht in Form exakter Kennzahlen und Sicherheitsmargen messen. Man kann sie nur mithilfe allgemeinen Wissens beurteilen, das man durch kontinuierliche Verfolgung der Finanz- und Wirtschaftsnachrichten erwirbt.

Das Wissen über Wertpapiere breitet sich in der allgemeinen Öffentlichkeit zunehmend aus. Diese Entwicklung eröffnet den Wertpapierverkäufern und Anlageberatern zwar ein wachsendes Betätigungsfeld, verlangt aber auch von ihnen immer mehr genaues Wissen.

Ein Anleger, der Wertpapiere dann kauft, wenn ihr Börsenkurs auf Grundlage der Unternehmensabschlüsse günstig erscheint, und sie verkauft, wenn sie auf ebendieser Grundlage teuer erscheinen, wird damit wahrscheinlich keine spektakulären Gewinne erzielen. Doch andererseits vermeidet er dadurch wahrscheinlich gleichermaßen hohe und häufiger vorkommende Verluste. Er dürfte eine überdurchschnittliche Chance haben, zufriedenstellende Ergebnisse zu erzielen. Und das ist das Hauptziel der intelligenten Geldanlage.

TEIL II

Analyse einer Bilanz und einer Erfolgsrechnung mithilfe der Kennzahlenmethode

TEIL II

Analyse einer Bilanz und einer Erfolgsrechnung mithilfe der Kennzahlenmethode

Hier werden einige der Kennzahlen, die bei der Analyse des Ertragskontos und der Bilanz eines Industrieunternehmens verwendet werden, anhand eines bestimmten Beispiels vorgestellt – anhand des Jahresabschlusses der Bethlehem Steel Corporation für das Jahr 1928. Einige Posten der Bilanz und der Erfolgsrechnung sind nummeriert, um die Erklärung, wie die Kennzahlen berechnet werden, zu erleichtern. Zum Beispiel ist die Gewinn- oder Ertragsmarge, die in dieser Untersuchung als erste Kennzahl berechnet wird, der Betriebsertrag geteilt durch den Umsatz. Im Ertragskonto trägt der Betriebsertrag (auch als Betriebsergebnis, operatives Ergebnis und so weiter bezeichnet) die Nummer 4 und der Umsatz die Nummer 1. Die Berechnungsmethode für die Marge wird als (4) : (1) beziehungsweise in konkreten Zahlen als $ 27.271.108 : $294.778.287 = 9,2 % ausgedrückt.

Bethlehem Steel Corporation

Ertragskonto für das Jahr, das am 31. Dezember 1928 endete

1	Umsatz	$294.778.287
2	Abzug von Herstellungskosten, Verwaltungskosten, Vertriebskosten, Gemeinkosten und Steuern	$253.848.844
		$40.929.443
3	Rückstellung für Werteverzehr, Wertminderung und Alterung	$13.658.335
4	Betriebsertrag	$27.271.108
	Addieren – Zinsen, Dividenden und sonstige Einkünfte	$2.591.693
5	Gesamtertrag	$29.862.801
6	Abzug von Zinskosten	$11.276.879
7	Reinertrag	$18.585.922
8	Abzug von Dividenden auf Vorzugsaktien	$6.842.500
9	Auf Stammaktien entfallender Reinertrag	$11.743.422
	Abzug von Dividenden auf Stammaktien	$1.800.000
10	Übertrag in die Rücklage	$9.943.422

Konsolidierte Bilanz der Bethlehem Steel Corporation

31. Dez 28

	Aktiva		
	Umlaufvermögen:		
11	Kasse	$28.470.936	
12	US-Staatsanleihen	$27.247.838	
	Diverse marktfähige Wertpapiere	$1.980.000	
	Für Mitarbeiter gehaltene Vorzugsaktien abzüglich Konteneinzahlungen	$7.742.698	
13	Kunden- und Wechselforderungen	$41.951.684	
14	Vorräte	$61.539.137	
15	Summe Umlaufvermögen		$168.932.293
	Rücklagevermögen		$6.917.227
	Diverse Wertpapiere, Ratenzahlungen und Pachtzinsen für Immobilien		$3.837.820

Aktiva

Nr.	Posten		
	Vermögen in den Händen von Treuhändern		$ 691.311
	Investitionen in verbundene Gesellschaften und Vorauszahlungen an verbundene Gesellschaften		$8.654.700
16	Anlagevermögen	$654.731.533	
17	Abzug Rückstellung für Wertminderung und Werteverzehr	$200.408.672	
18	Nettoanlagevermögen		$454.322.855
	Summe Aktiva		$643.356.206

Passiva

Nr.	Posten			
	Laufende Verbindlichkeiten:			
	Verbindlichkeiten aus Lieferungen und Leistungen, aufgelaufene Verbindlichkeiten		$25.227.323	
	Aufgelaufene Anleihezinsen		$2.998.122	
	Dividenden auf Vorzugsaktien, fällig am 2. Januar und am 1. April 1929		$3.447.500	
	Dividenden auf Stammaktien, fällig am 15. Mai 1929		$1.800.000	
19	Summe laufende Verbindlichkeiten			$33.472.945
20	Langfristige Verbindlichkeiten			$199.421.172
21	Aktien der Cambria Iron Company (Jahresmiete zu 4% zahlbar)			$8.465.625
	Gezeichnetes Kapital, Rücklagen und Rückstellungen:			
22	7%-ige Vorzugsaktien im Nennwert von $100 je Stück		$100.000.000	
23	Stammaktien im Nennwert von $100 je Stück	$180.000.000		
24	Rücklage	$114.922.652		
	Rückstellung für Eventualverbindlichkeiten	$2.138.990		
	Versicherungsrückstellung	$4.934.822	$301.996.464	$401.996.464
	Summe Verbindlichkeiten			$643.356.206

(a) Ertragsmarge

Betriebsertrag geteilt durch den Umsatz

Formel: (4) : (1)

In diesem Fall: $ 27.271.108 : $ 294.778.287 = 9,2%

Diese Kennzahl wird verwendet, um die betriebliche Effizienz des Unternehmens zu ermitteln. Das Verhältnis von 9,2 Prozent bedeutet, dass dem Unternehmen von jedem Dollar Umsatz 9,2 Cent übrig bleiben, nachdem es alle Betriebsaufwendungen bezahlt hat. Von diesen 9,2 Cent (zuzüglich der „sonstigen Erträge") müssen Anleihezinsen, Dividenden auf Vorzugs- und Stammaktien sowie (früher) ein Betrag für die Rücklage beiseitegelegt werden.

(b) Ertrag des investierten Kapitals

Die gesamten Einkünfte, die für Zinszahlungen zur Verfügung stehen, geteilt durch die Summe der Anleihen, der Vorzugsaktien, der Stammaktien, der Gewinnrücklagen und des Bilanzgewinns.

Formel: (5) : (20 + 21 + 22 + 23 + 24)

In diesem Fall: $ 29.862.801 : $ 602.809.449 = 4,95%

Das bedeutet, dass das Unternehmen mit dem Geld, das es in sein Geschäft gesteckt hat, 4,95 Prozent verdient hat. Der Prozentsatz, der mit dem investierten Kapital erwirtschaftet wird, ändert sich mit der Branche. Der Durchschnitt von 25 Stahlkonzernen lag im Berichtsjahr leicht über 6 Prozent.

(c) Zinsdeckungsgrad

Gesamtertrag geteilt durch Zinskosten

Formel: (5) : (6)

In diesem Fall: $ 29.862.801 : $ 11.276.879 = 2,65

Grundsätzlich wird erwartet, dass ein Industrieunternehmen im Schnitt mindestens das 2,5-Fache seiner Zinskosten verdienen sollte. Wir bevorzugen bei einer Unternehmensanleihe hoher Bonität mindestens das 3-Fache der Zinskosten.

(d) Deckungsgrad der Zinskosten und der Vorzugsdividenden

Der Gesamtertrag geteilt durch die Summe aus Zinskosten und Vorzugsdividenden.
Formel (5) : ((6) + (8))
In diesem Fall: $ 29.862.801 : ($ 11.276.879 + $ 6.842.500) = 1,65
Wir sind der Meinung, dass das 4-Fache der Summe aus Zinskosten und Vorzugsdividenden verdient werden sollte, damit es angebracht ist, die Vorzugsaktie eines Industriekonzerns als solide Geldanlage zu kaufen.

(e) Gewinn je Stammaktie

Der auf Stammaktien entfallende Reinertrag geteilt durch die Anzahl der im Umlauf befindlichen Stammaktien.
Formel: (9) : (23) (in Aktien angegeben)
In diesem Fall: $ 11.743.422 : 1.800.000 = $ 6,52 je Aktie

(f) Materielle Abschreibungen als Prozentsatz des Anlagevermögens

Abschreibung geteilt durch Anlagevermögen
Formel (3) : (16)
In diesem Fall $ 13.658.355 : $ 654.731.533 = 2,09%
Das bedeutet, dass die durchschnittliche Lebensdauer aller Posten im Sachanlagenkonto (einschließlich Immobilien, die ewig Bestand haben) mit 50 Jahren angesetzt wird. Die 2,09

Prozent sind etwas niedriger als die durchschnittlichen 2,7 Prozent von 13 Stahlkonzernen im Jahr 1928.

Manchmal muss man diese Kennzahl zu Vergleichszwecken anhand des Netto-Anlagevermögens berechnen.

Formel: (3) : (18)

In diesem Fall $ 13.658.355 : $ 454.322.855 = 3,01%

(g) Materielle Abschreibungen als Prozentsatz des Umsatzes oder Bruttoerlöses

Diese Kennzahl ist manchmal für Vergleiche sinnvoll.

Formel: (3) : (1)

In diesem Fall: $ 13.658.355 : $ 294.778.287 = 4,63%

(h) In die Rücklage gebuchter Reinertrag als Prozentsatz des für Dividenden zur Verfügung stehenden Reinertrags

Übertrag in die Rücklage geteilt durch den für Dividenden zur Verfügung stehenden Reinertrag

Formel: (10) : (7)

In diesem Fall: $ 9.943.422 : $ 18.585.922 = 53,3%

Berechnungen dieser Art sollten über einen mehrjährigen Zeitraum angestellt werden, dann zeigen sie, ob das Unternehmen eine konservative Dividendenpolitik betreibt. Im Allgemeinen gilt, dass ein Industrieunternehmen etwa 30 bis 40 Prozent des für Dividenden zur Verfügung stehenden Betrags in die Rücklage übertragen (also im Unternehmen belassen) sollte.

Aufgrund der neu eingeführten Steuer auf einbehaltene Gewinne werden im Unternehmen belassene Gewinne jetzt wahrscheinlich als zusätzliches Aktienkapital ausgewiesen. Zum Zwecke dieser Berechnung kann man solches

Aktienkapital als gleichwertig mit einer Zuführung zur Rücklage betrachten.

(i) Lagerumschlag

Umsatz geteilt durch Vorräte

Formel: (1) : (14)

In diesem Fall: $ 294.778.287 : $ 61.539.137 = 4,7-mal im Jahr[1]

Das Unternehmen schlägt seine Vorräte also 4,7-mal im Jahr um. Das gilt als gutes Verhältnis. Der Umschlag ist von Bedeutung, weil ein häufigerer Umschlag bedeutet, dass das Unternehmen weniger Kapital in Vorräte investieren muss und dass mit geringerer Wahrscheinlichkeit Verluste durch veraltetes Material und so weiter entstehen.

(j) Anzahl der Tage, die Kundenforderungen im Schnitt ausstehen

Kunden- und Wechselforderungen geteilt durch den Netto-Tagesumsatz

Formel $(13) : \frac{(1)}{365}$

In diesem Fall: $\$41.951.654 : \frac{\$294.778.287}{365} = 52$ *Tage*

Bei dem Unternehmen stand die durchschnittliche Kundenforderung im Berichtsjahr 52 Tage lang aus. Dieses Verhältnis wird verwendet, um die Kreditpolitik des Unternehmens zu ermitteln.

---

[1] Den tatsächlichen oder physischen Lagerumschlag ermittelt man, indem man die zu den Beschaffungskosten geführten Vorräte durch die Umsatzkosten teilt. Formel: (2) : (14). In diesem Fall betrüge der Umschlag 4,14.

(k) Kapitalisierungskennzahlen

Anleihekapitalisierung

Die Anzahl der im Umlauf befindlichen Anleihen geteilt durch die Summe aus Anleihen, Vorzugsaktien, Stammaktien und Rücklage

Formel: ((20) + (21)) : ((20) + (21) + (22) + (23) + (24))

In diesem Fall: $ 207.886.797 : $ 602.809.449 = 34,4%

Cambria Iron Stock wird in die Anleihen einbezogen, weil die Zahlung von 4 Prozent Dividende auf die Stammaktie durch die Verpachtung der Grundstücke und Gebäude besichert ist.

Vorzugsaktien-Kapitalisierung

Vorzugsaktien geteilt durch die Summe aus Anleihen, Vorzugsaktien, Stammaktien und Rücklage

Formel: (22) : ((20) + (21) + (22) + (23) + (24))

In diesem Fall: $ 100.000.000 : $ 602.809.449 = 16,6 %

Stammaktien- und Rücklagenkapitalisierung

Die Summe aus Stammaktien und Rücklage geteilt durch die Summe aus Anleihen, Vorzugsaktien, Stammaktien und Rücklage

Formel: ((23) + (24)) : ((20) + (21) + (22) + (23) + (24))

In diesem Fall: $ 294.922.652 : $ 602.809.449 = 49,0%

Insgesamt sieht die Kapitalausstattung des Unternehmens daher so aus:

34,4 Prozent in Anleihen, 16,6 Prozent in Vorzugsaktien und 49,0 Prozent in Stammaktien. Bei einem normalen Industrieunternehmen sollten nicht mehr als 25 oder 30 Prozent der Gesamtkapitalisierung in Form von Anleihen vorliegen. Etwa die Hälfte der Kapitalisierung sollte als Stammaktien und Rücklage vorliegen.

Es kann sinnvoll sein, diese Berechnung anhand der aktuellen Kurse der Vorzugs- und Stammaktien anstatt anhand des Buchwerts einschließlich Rücklage anzustellen. Das nennt man dann Bestandswertverhältnis. Die Formel für das Bestandswertverhältnis von Anleihen lautet: Marktwert der Vorzugs- und Stammaktien : Nennwert der Anleihen. Die Formel für das Bestandswertverhältnis einer Vorzugsaktie lautet: Marktwert der Stammaktien : Summe aus dem Nennwert der Anleihen und dem Marktwert der Vorzugsaktien.

(l) Liquidität dritten Grades/Current Ratio

Umlaufvermögen geteilt durch laufende Verbindlichkeiten

Formel: (15) : (19)

In diesem Fall: $ 168.932.293 : $ 33.472.945 = 5,04

Anders gesagt besitzt das Unternehmen auf jeden Dollar an laufenden Verbindlichkeiten (Verbindlichkeiten, die im üblichen Geschäftsgang innerhalb eines Jahres bezahlt werden) ein Umlaufvermögen (Vermögensgegenstände, die im üblichen Geschäftsgang innerhalb eines Jahres in Bargeld umgewandelt werden) von 5,04 Dollar. Eine Liquidität dritten Grades von 5,04 ist für ein Stahlunternehmen in Ordnung. Diese Liquiditätskennzahl fällt in verschiedenen Branchen sehr unterschiedlich aus, aber 2 gilt als Minimum (siehe die Tabelle in Kapitel 14).

(m) Liquidität zweiten Grades/Quick (Asset) Ratio

Umlaufvermögen abzüglich Vorräte geteilt durch laufende Verbindlichkeiten

Formel: ((15) – (14)) : (19)

In diesem Fall: $ 107.393.156 : $ 33.472.945 = 3,2

Anders ausgedrückt hat das Unternehmen auf jeden Dollar an laufenden Verbindlichkeiten 3,20 Dollar an flüssigen Mitteln. Das ist ein gutes Verhältnis. Eine Liquidität zweiten Grades von 1 gilt als in Ordnung.

(n) Buchwert je Stammaktie

Die Summe aus Stammaktien und Rücklage geteilt durch die Anzahl der im Umlauf befindlichen Stammaktien.
Formel: ((23) + (24)) : 23 (in Aktien angegeben)
In diesem Fall: $ 294.922.652 : 1.800.000 = $ 164 je Aktie
Es ist üblich, die immateriellen Vermögensgegenstände (Goodwill, Patente und so weiter) aus dem Buchwert herauszunehmen – sie sind also von der Summe aus Stammaktien und Rücklage abzuziehen.
Der Buchwert einer Stammaktie ist normalerweise nicht von Bedeutung, aber er kann von Interesse sein, wenn er entweder weit über oder weit unter dem Aktienkurs liegt.[2]

(o) Kurs-Gewinn-Verhältnis

Verkaufspreis einer Aktie geteilt durch den Gewinn pro Aktie. Am 15. Mai 1929 schloss die Stammaktie von Bethlehem Steel bei $ 105 3/8. $105 3/8 : $ 6,52 = 16,2. Das bedeutet, dass die Aktie zum 16,2-Fachen des Gewinns aus dem Jahr 1928 gehandelt wurde. Anhand dieses Verhältnisses ermittelt man, ob eine Aktie relativ teuer oder relativ billig ist – also relativ hoch oder relativ niedrig bewertet –, und als Ausgangspunkt für eine vergleichende Analyse.

2 Anmerkung: Siehe auch Kapitel 24 – Nettoumlaufvermögen.

TEIL III

DEFINITIONEN VON FINANZBEGRIFFEN

TEIL III

Definitionen von Finanzbegriffen

„Blue Sky“: Dieser Begriff wurde ursprünglich auf die Werbung von Unternehmen angewandt, deren Wertpapiere nichts wert sind, weil der Käufer für sein Geld nichts als „heiße Luft“ bekommt. Inzwischen gibt es in den Vereinigten Staaten Landes- und Bundesgesetze zum Anlegerschutz gegen solche Emissionen. Die Prüfung von Aktienemissionen auf die Einhaltung dieser Gesetze nennt man „blue-skying“.

„Business Man's Investment“: Ein „Investment für Kaufleute“ ist ein Investment, bei dem ein gewisses Risiko zu erkennen ist, von dem man allerdings glaubt, es werde durch die Chance auf Wertsteigerung oder hohe regelmäßige Einkünfte (etwa Zinsen und Dividenden) ausgeglichen. (Unserer Ansicht nach ist letztere Überlegung im Allgemeinen unsolide.) Der Begriff stützt sich auf den Gedanken, dass ein Kaufmann oder Geschäftsmann sowohl finanziell in der Lage ist, ein gewisses

Risiko zu tragen, als auch in der Lage, seine Investitionen intelligent zu begleiten.

„Minority Interest" – Fremdanteile am Ergebnis/Minderheitsbeteiligungen: In der Erfolgsrechnung eines Konzerns der Anteil am Gewinn eines Tochterunternehmens, der auf die Beteiligungen oder Aktien von konzernfremden Minderheiten entfällt. In einer konsolidierten Bilanz die Beteiligungen oder Aktien dieser Minderheitsaktionäre am Tochterunternehmen.

„Nach Grunderwerb"-Klausel: Bestimmung in einem Hypothekenvertrag, wonach später vom begebenden Unternehmen erworbenes Grundeigentum als grundpfandrechtliche Sicherheit herangezogen wird.

„Pyramiding": Bei Aktiengeschäften das Verfahren, im Handel auf Margin nicht realisierte Buchgewinne für den Kauf zusätzlicher Aktien einzusetzen. In der Unternehmensfinanzierung die Umsetzung einer spekulativen Kapitalstruktur mittels einer Reihe von Holdinggesellschaften in der Weise, dass ein relativ kleiner Anteil stimmberechtigter Aktien der Muttergesellschaft ein großes Konzernsystem beherrscht. In diesem Fall auch als Verschachtelung bezeichnet.

„Reiner Zinssatz": Der theoretische Zinssatz einer risikolosen Anlage. Er variiert mit den allgemeinen Kreditbedingungen. Man geht davon aus, dass sich der tatsächliche Zinssatz einer Anlage aus dem reinen Zinssatz zuzüglich eines Aufschlags als Maß für das eingegangene Risiko zusammensetzt.

„Trading on the Equity": Wenn ein Geschäftsmann sich Geld für sein Unternehmen leiht, um damit das Eigenkapital aufzustocken, spricht man (sinngemäß) von einem „Geschäft auf

Eigenkapital". Dahinter steht der Gedanke, dass sich mit dem geliehenen Kapital mehr als die darauf anfallenden Zinsen verdienen lasse. Manchmal wird der Ausdruck auch für den Extremfall gebraucht, dass der größte Teil des Kapitals Fremdkapital ist und nur wenig Eigenkapital vorhanden ist.

Abbaufähige Vermögensgegenstände: Materielle Sachanlagen, die im Rahmen des üblichen Geschäftsbetriebs nach und nach aufgezehrt werden (zum Beispiel Metall-, Erdöl- oder Schwefellagerstätten, Forstflächen).

Abgrenzungsposten: Aufwendungen, die gegen den laufenden Betrieb gebucht werden, aber erst zu einem späteren Zeitpunkt bezahlt werden müssen. Beispielsweise können Anleihezinsen monatlich in den Büchern der Gesellschaft gebucht werden, auch wenn sie gewöhnlich in 6-Monats-Abständen gezahlt werden. Neben solchen aktiven Abgrenzungsposten gibt es auch passive, beispielsweise im Voraus gebuchte Zinseinkünfte aus Wertpapierbesitz.

Aktie der Klasse A: Bezeichnung zur Unterscheidung einer Aktienemission von einer anderen Emission des gleichen Unternehmens, die meistens als B-Aktie oder schlicht als Stammaktie bezeichnet wird. Der Unterschied kann in den Stimmrechten, den Dividenden, den Vorzügen oder sonstigen Dividendenbestimmungen bestehen. Wenn es einen Vorzug gibt, fällt er meistens der A-Aktie zu, aber andere Vorteile können entweder der Klasse A oder der anderen Stammaktienemission zufallen.

Aktienbezugsrecht: Siehe „Bezugsrechte".

Aktiendividenden: Dividenden, die in Form von Aktien des ausschüttenden Unternehmens ausgeschüttet werden, jedoch nicht zwingend Aktien der gleichen Klasse wie die Aktien, auf die diese Dividende entfällt.

Aktiensplit: Verteilung des Aktienkapitals eines Unternehmens auf eine größere Anzahl von Aktien, gewöhnlich (bei Nennwertaktien) durch Senkung des von jeder Aktie vertretenen Nennwerts. So kann beispielsweise ein Aktiensplit bei einer Aktie im Nennwert von 100 Dollar durch Ausgabe von vier neuen Aktien im Nennwert von 25 Dollar im Austausch gegen eine alte Aktie erfolgen. Manchmal wird auch das umgekehrte Verfahren angewendet, also das Aktienkapital wird in einer geringeren Zahl von Aktien zusammengefasst, indem im Austausch gegen jede im Umlauf befindliche alte Aktie ein Bruchteil einer neuen Aktie ausgegeben wird. Man bezeichnet diesen Fall als Aktienzusammenlegung, Reverse Split oder Splitdown.

Anlagevermögen oder Sachanlagen: Vermögensgegenstände von vergleichsweise dauerhaftem Charakter, die zwecks Nutzung oder zwecks Erzielung von Einkünften gehalten werden, nicht zwecks Verkauf oder direkter Umwandlung in verkäufliche Güter oder Bargeld. Die wichtigsten Sachanlagen sind Grundstücke, Gebäude und Anlagen, die häufig gemeinsam als „Maschinen und Anlagen" oder als „Kapitalvermögen" bezeichnet werden. Immaterielle Vermögensgegenstände wie Goodwill, Patente und so weiter sind ebenfalls Anlagegüter.

Anlagevermögen: Die Kosten (manchmal auch der Schätzwert) von Grundstücken, Gebäuden und Anlagen, die für die Geschäftstätigkeit benötigt werden. Das Nettoanlagevermögen stellt die Kosten oder den Schätzwert dieser Vermögensgegenstände abzüglich der bisherigen Abschreibungen dar, also Anlagevermögen minus Rückstellung für Abschreibung. Auch als „Sachanlagen“ bezeichnet.

Anleihe: Eine Schuldverschreibung, die (a) einen Anteil an einem Darlehen an eine Kapitalgesellschaft oder an eine staatliche Körperschaft darstellt, (b) Zinsen trägt und (c) zu einem angegebenen künftigen Datum fällig wird. Gelegentlich fehlt einer Anleiheemission eine dieser Eigenschaften. Kurzfristige Anleihen (gewöhnlich mit einer Laufzeit von höchstens fünf Jahren ab Begebung) werden in den Vereinigten Staaten statt als „Bonds“ auch als „Notes“ bezeichnet.

Anleihevertrag: Das rechtliche Dokument, das anlässlich einer Anleihebegebung ausgefertigt wird und die Bedingungen der Emission festschreibt, die konkrete Sicherung, Rechtsmittel bei Zahlungsausfall, Pflichten des Treuhänders und so weiter. Auch Treuhandvertrag genannt.

Antrag auf Börsenzulassung: Die Formulare, die eine Gesellschaft (oder eine ausländische Behörde) bei der Börsenaufsicht einreichen muss, wenn sie neue Wertpapiere anbieten oder an einer nationalen Börse im Umlauf befindliche Papiere notieren (registrieren) lassen will. Der Prospekt, der etwaigen Käufern einer Neuemission übermittelt wird, enthält die meisten im Antrag auf Börsenzulassung enthaltenen Informationen, aber nicht alle.

Arbitrage: Gleichzeitiger Abschluss eines Kaufs und Verkaufs von Wertpapieren (oder Rohstoffen) mit einer gewinnbringenden Preisspanne, ermöglicht (1) dadurch, dass das Papier oder der Rohstoff an mehreren Märkten gehandelt wird, oder (2) dadurch, dass zwei separate Wertpapiere mit festgelegten Bedingungen für ihren Austausch vorliegen. Beispiel für (1): Gleichzeitig Verkauf an der Londoner und Kauf an der New Yorker

Börse von United States Steel mit einer Preisdifferenz, die ausreicht, um die Kosten zu decken und einen Profit zu verzeichnen. Beispiel für (2): An der gleichen Börse erfolgender, gleichzeitiger Verkauf einer Stammaktie und Kauf einer Anleihe oder Vorzugsaktie, die derzeit zu einem festgelegten Verhältnis in eine solche Aktie wandelbar ist, oder von Bezugsrechten, die den Eigentümer berechtigen, eine solche Aktie nach Zahlung eines festgelegten Geldbetrags zu erwerben, wobei die Preisdifferenz für Kostendeckung und Gewinn ausreicht.

Aufgeld auf Stammkapital: Das Bargeld oder die Bargeldäquivalente, die der Emittent über den Nennwert von gezeichnetem Stammkapital hinaus erhält.

Aufgeld/Agio einer Anleihe: Der Betrag, um den der Marktpreis einer Anleihe oder ihr Ausgabepreis, den der Emittent erhält, den Nennwert übersteigt.

Ausgaben versus Aufwand: Ausgaben sind Auslagen in Geld oder Äquivalenten, denen häufig kein betrieblicher oder Ertragsposten gegenübersteht (zum Beispiel Kapitalausgaben). Aufwand bezeichnet hingegen Kosten, denen Geschäftstätigkeiten oder Gewinne gegenüberstehen, wobei häufig kein Geld ausgegeben wird (zum Beispiel Rückstellungen oder Wertminderungen).

Ausgliederung: Abspaltung einer oder mehrerer Töchter oder Sparten einer Holdinggesellschaft oder einer Muttergesellschaft durch Ausgabe von Aktien der Tochter an die Aktionäre der Mutter.

Bankers' Shares: Eine Bezeichnung für Zertifikate, die im Allgemeinen von Banken ausgegeben werden und jeweils einen

Bruchteil einer verwahrten Aktie darstellen. Ihr Zweck besteht gewöhnlich darin, Aktien auszugeben, die pro Stück viel weniger kosten als die ursprüngliche Aktie. Auch als „Trustee Shares" bezeichnet.

Bargeldäquivalente: Vermögenswerte, die anstelle von Bargeld gehalten werden und innerhalb kurzer Zeit in Bargeld umgewandelt werden können. Beispiele: Festgeld, US-Staatsanleihen und andere marktgängige Wertpapiere.

Barwert: Der Wert des ausschließlich auf ein bestimmtes Wertpapier bezogenen Barbestands und der Bargeldäquivalente nach Abzug aller vorherigen Verbindlichkeiten. Normalerweise je Aktie oder je Anleihe im Wert von 1.000 Dollar angegeben. Der Barwert einer Aktie wird manchmal auch ohne Abzug der Verbindlichkeiten vom Barvermögen angegeben. Man sollte vom „Bruttoinventarwert" sprechen, und seine Berechnung ist nur dann sinnvoll, wenn die anderen Vermögensgegenstände alle vorherigen Verbindlichkeiten übersteigen.

Basis: Bei Anleihen entweder die Rückzahlungsrendite bei einem bestimmten Preis, wie in den Kurs-/Renditetabellen angegeben, oder der Preis, der einer bestimmten Rückzahlungsrendite entspricht.

Begebbare Handelspapiere: Gewisse Titel – zum Beispiel Banknoten, Schecks, Solawechsel, Akzepte und Kuponanleihen –, deren Eigentum bei Übergabe übergeht und nicht angefochten werden kann, wenn sie sich zu gegebener Zeit und in gutem Glauben in den Händen eines Inhabers befinden. Aktien sind keine begebbaren Handelspapiere, und daher können gestohlene Aktienurkunden von einem gutgläubigen Inhaber wiedererlangt werden.

Beherrschte Gesellschaft: Eine Gesellschaft, deren Schritte aufgrund eines stimmberechtigten Besitzanteils von mindestens 51 Prozent von einer anderen Gesellschaft kontrolliert werden.

Besicherte Anleihen: Anleihen, die gegenüber einer oder mehreren anderen Anleihen vorrangig sind. Sie haben in der Regel eine erstrangige Hypothek auf das Eigentum einer Gesellschaft, das gewöhnlich auch über eine nachrangige Hypothek verpfändet ist.

Bestandswertverhältnis: (a) Bei einer Anleihe das Verhältnis des Marktwerts des gezeichneten Kapitals eines Unternehmens zum Nennwert seiner langfristigen Verbindlichkeiten. (b) Bei einer Vorzugsaktie das Verhältnis des Marktwerts der Stammaktien zur Summe aus dem Nennwert aller Anleihen und dem Marktwert der Vorzugsaktien.

Betriebskapital: Nettoumlaufvermögen. Umlaufvermögen minus laufende Verbindlichkeiten.

Bewährte Papiere: Wertpapiere etablierter Großkonzerne, die der Anlegeröffentlichkeit über einen Zeitraum, der gute und schlechte Zeiten beinhaltet, positiv im Gedächtnis sind.

Bezugsrecht: Das jeder Einheit eines bestehenden Wertpapiers zugestandene Vorrecht, neue Wertpapiere zu kaufen. Es muss im Allgemeinen innerhalb kurzer Zeit ausgeübt werden und wird zu einem Preis unter dem aktuellen Marktpreis angeboten. (Siehe „Warrant".)

Bilanz: Ein Bericht über die Finanzlage eines Unternehmens zu einem bestimmten Zeitpunkt. In einer Spalte gibt sie alle Aktiva (Vermögensgegenstände, die das Unternehmen besitzt) mit ihrem Wert und in einer zweiten alle Passiva – die Forderungen von Gläubigern und das Kapital der Eigentümer – an. Die Summen beider Spalten sind jederzeit gleich.

Blue Chips: Umgangssprachliche Bezeichnung für Aktien, die anerkanntermaßen lohnenswerte Anlagen sind, jedoch ein hohes Verhältnis von Kurs zur Summe aus dem laufenden Gewinn und den laufenden Dividenden haben und populäre Marktführer sind.

Bruttoeinnahmen: Manchmal gleichbedeutend mit Bruttoumsatz, häufiger jedoch eine Zahl, die zwischen Bruttoumsatz und Reinertrag liegt.

Bruttoerlös oder Bruttoumsatz: Die gesamten geschäftlichen Einnahmen, ohne Abzug von Kosten oder Aufwand.

Buchwert: (a) Bei einem Vermögensgegenstand: der Wert, zu dem er in den Büchern des Unternehmens geführt wird. (b) Bei Emission einer Aktie oder Anleihe: der Wert der für die Emission zur Verfügung stehenden Vermögensgegenstände wie in den Büchern angegeben, nach Abzug aller vorherigen Verbindlichkeiten. Normalerweise wird der Buchwert pro Aktie oder pro 1.000 Dollar Anleihewert angegeben. Es ist üblich, bei der Berechnung des Buchwerts immaterielle Vermögensgegenstände nicht zu berücksichtigen, sodass er dem Substanzwert entspricht.

Collateral Trust Bonds: Anleihen, die durch andere Wertpapiere (Aktien oder Anleihen) besichert sind, die bei einem Treuhänder hinterlegt wurden. Die Anlagewürdigkeit solcher Anleihen hängt von zwei Faktoren ab: (1) von der finanziellen Verantwortlichkeit des begebenden Unternehmens, (2) vom Wert der hinterlegten Wertpapiere.

Current Asset Value („Wert des kurzfristigen Umlaufvermögens"): Der Wert des kurzfristigen Umlaufvermögens, das nur für ein bestimmtes Wertpapier gilt, nach Abzug aller Verbindlichkeiten. Es wird normalerweise je Aktie oder je Anleihe im Wert von 1.000 Dollar angegeben.

Defizit: In einer Bilanz der Betrag, um den die Aktiva unter der Summe der Passiva (Gläubigerforderungen und Aktienkapital) liegen. In der Erfolgsrechnung gewöhnlich der Betrag, um den die Einnahmen unter der Summe der Kosten und Aufwendungen liegen. Ein „operatives Defizit" bedeutet einen Verlust vor Abzug der Fixkosten. „Defizit nach Dividenden" erklärt sich von selbst.

Der Wandlungspreis kann auch bezogen auf den Nennwert einer Wandelanleihe von 100 Dollar oder auf Wandel-Vorzugsaktien im Wert von 100 Dollar angegeben werden. Wenn beispielsweise eine Anleihe im Wert von 1.000 Dollar in 40 Stammaktien gewandelt werden kann, dann beträgt der Wandlungspreis der Stammaktie 25 Dollar pro Stück.

Diversifizierung: Die Streuung des Anlagerisikos durch Aufteilung der anzulegenden Mittel auf mehrere Anlagen. Ein Investmentfonds kann seine Investments auf mehrere Branchen oder – weniger wirkungsvoll – mehrere Unternehmen der gleichen Branche oder auch geografisch diversifizieren.

Dividend Scrip: (a) Als Scrip Dividend ausgegebene Zertifikate. (Siehe „Scrip Dividend".) (b) Bruchteile von Aktien, die als Aktiendividende entgegengenommen werden. Normalerweise haben diese Aktienbruchteile erst dann Anspruch auf Dividenden und Stimmrechte, wenn sie zu vollständigen Aktien zusammengefasst werden.

Dividendendeckungsverhältnis: Das Vielfache der Dividende in einem bestimmten Zeitraum, das in diesem Zeitraum erwirtschaftet wurde. Bei Vorzugsaktien sollten bei der Berechnung neben der Dividende eigentlich auch die fixen Kosten berücksichtigt werden. Das Dividendendeckungsverhältnis von Stammaktien wird gesondert angegeben, muss allerdings im Lichte der vorrangigen Verpflichtungen betrachtet werden.

Dividendenrendite: Eine Prozentzahl, die man erhält, indem man den Betrag der Dividende durch den Aktienkurs teilt. Beispiel: Werden auf eine Aktie, die derzeit für 80 Dollar gehandelt wird, 4 Dollar Dividende ausgeschüttet, ergibt sich eine Dividendenrendite von 4 : 80 = 0,05 = 5 Prozent.

Divisional Liens (etwa „Teilsicherheiten"): Dieser Begriff bezieht sich gewöhnlich auf Anleihen, die durch eine Hypothek auf einen kleineren Streckenabschnitt eines Eisenbahnnetzes besichert sind. Ist die belastete Strecke für das Netz bedeutsam, ist das Wertpapier gut. Ist die belastete Strecke von geringer Bedeutung für das Netz, ist das Papier schlecht.

Earnings Ratio: (Siehe auch „Kurs-Gewinn-Verhältnis".) Das Verhältnis zwischen dem Jahresgewinn und dem Marktpreis, wobei der Preis als Vielfaches des Gewinns angegeben wird. In dem Beispiel aus „Gewinnrendite" beträgt das Kurs-Gewinn-Verhältnis 8,33.

Effektive Verschuldung: Die Gesamtverschuldung eines Unternehmens einschließlich des Nennwerts jährlicher Mietzahlungen oder ähnlicher Aufwendungen, die Zinskosten vergleichbar sind. (In den langfristigen Verbindlichkeiten sind diese möglicherweise nicht enthalten.) Die „effektive Verschuldung" errechnet sich durch Kapitalisierung der fixen Kosten (siehe Begriffserklärung) zu einem angemessenen Zinssatz. Wenn auf langfristige Anleihen ungewöhnlich hohe oder ungewöhnlich niedrige Zinsen anfallen, kann die „effektive Verschuldung" höher oder niedriger als der Nennwert ausfallen.

Effektiver Nennwert: Bei Vorzugsaktien der Nennwert, der normalerweise einem bestimmten Dividendensatz entsprechen würde. Man ermittelt ihn, indem man den Dividendenbetrag mit einem angemessenen Zinssatz kapitalisiert, beispielsweise mit sechs Prozent. In diesem Fall betrüge der effektive Nennwert einer Vorzugsaktie mit einem Kurs von 2,40 Dollar also 2,40 Dollar : 0,6 = 4,0 Dollar. Er ist nützlich, wenn Vorzugsaktien ohne Nennwert ausgegeben werden oder wenn ihr Nennwert nicht dem Dividendensatz entspricht.

Eigene Aktien: Rechtmäßig emittierte Aktien, die das Unternehmen durch Kauf oder Schenkung erhalten hat.

Eigenkapital: Die Beteiligung der Aktionäre einer Gesellschaft, gemessen an Kapital und Gewinnrücklage. Auch der Schutz, den ein vorrangiges Papier durch die Existenz einer nachrangigen Investition bietet.

Eigenkapitaltitel: (a) Jegliche Aktien, egal ob Vorzugs- oder Stammaktien. (b) Im engeren Sinne eine Stammaktie oder eine gleichwertige Emission mit theoretisch unbegrenzter Beteiligung an Vermögen und Gewinn der Gesellschaft (gegebenenfalls nach vorherigen Forderungen).

Einbauten in Mietobjekten: Die Kosten für Einbauten in Mietobjekte. Diese Einbauten gehen in der Regel nach Ende des Mietverhältnisses in das Eigentum des Vermieters (Eigentümers) über, und deswegen müssen die Kosten über die Mietdauer abgeschrieben werden.

Einbehaltene Gewinne: Siehe „Gewinnrücklage".

Einbehaltene Rücklagen: Rücklagen, die getrennt von anderen Rücklagen geführt werden, weil sie einen Teil des Aktienkapitals darstellen, der nicht in Form von Bardividenden ausgeschüttet wird. Sie beinhalten die meisten Rückstellungen für Eventualverbindlichkeiten, Rückstellungen für Tilgungen und die Erweiterung von Anlagen. Keine Passiva, sondern Aktiva.

Einlagezertifikat: (a) Ein Beleg für die Hinterlegung eines Wertpapiers bei einem Verwaltungsausschuss, beispielsweise im Rahmen einer Sanierung. Solche auch als CD („Certificate of Deposit") bezeichnete Zertifikate sind meistens übertragbar und werden gegen Wertpapiere eingetauscht. (b) Termingeld.

Einmalige Posten: Gewinne oder Abzüge aus einer besonderen Quelle, die in den folgenden Jahren wahrscheinlich nicht auftreten. Solche Posten sollten bei der Analyse eines Abschlusses von den wiederkehrenden Gewinnen getrennt werden. Beispiele für Einmalposten: Gewinne beim Verkauf von Kapitalvermögen, Sonderdividenden von Tochterunternehmen, Gewinne aus der Tilgung von Anleihen, aufgrund von Gerichtsverfahren erhaltene Gelder und so weiter. Beispiele für einmalige Abzüge: Verlust beim Verkauf von Kapitalvermögen, Abschreibung von Vorräten, Stillstandskosten (in manchen Fällen) und so weiter.

Emissionshaus: Investmentbanking-Gesellschaft, die Wertpapieremissionen organisiert und vertreibt.

Entwicklungskosten: (a) Die Kosten für die Entwicklung von Herstellungs- oder anderen Prozessen oder Produkten zur Marktreife. Neue Unternehmen behandeln solche Posten häufig als aktive Rechnungsabgrenzungsposten, etablierte und erfolgreiche Unternehmen häufiger als laufende Kosten. (b) Die

Kosten für die Erschließung eines neuen Bergbaubetriebs – meistens als aktiver Rechnungsabgrenzungsposten behandelt.

Equipment Obligations oder Equipment Trust Certificates: Anleihen, die gewöhnlich nacheinander fällig werden und pfandrechtlich durch das Rollmaterial einer Eisenbahngesellschaft gesichert sind. Zum Schutz des Gläubigers werden im Allgemeinen zwei Methoden angewendet: (1) der „Philadelphia Plan", der inzwischen fast immer angewendet wird (der Eigentumstitel auf das Material verbleibt bei einem Treuhänder, bis alle Zertifikate abgezahlt sind, dann geht er an das Unternehmen); (2) der „New York Plan" (die emittierende Gesellschaft erhält eine bedingte Kaufurkunde; wenn alle Zertifikate bezahlt sind, erhält sie einen unbedingten Eigentumstitel).

Equipment Rentals: Geldbeträge, die eine Eisenbahngesellschaft im Allgemeinen an eine andere Eisenbahngesellschaft für die Nutzung von deren Rollmaterial bezahlt. Diese Zahlungen erfolgen gewöhnlich pro Tag, entsprechend einem vereinbarten Zahlungsplan. Die gezahlten beziehungsweise erhaltenen Beträge erscheinen in der Erfolgsrechnung gleich nach dem Steuerposten.

Equipment Trust: Vereinbarung über das Eigentum eines Treuhänders an Anlagen (gewöhnlich Eisenbahn-Rollmaterial) oder seine Kontrolle darüber, wonach Equipment Trust Certificates oder Anleihen ausgegeben werden. Auch als Kurzform von „Equipment Trust Certificate" verwendet.

Erbpacht: Das Recht, eine Immobilie gegen eine festgelegte Pacht oder Miete für eine bestimmte Anzahl von Jahren zu nutzen. Um einen langfristigen Pachtvertrag zu einem günstigen

Pachtzins zu bekommen, zahlt der Pächter häufig eine Barvergütung – bei Erstverpachtung an den Verpächter (Eigentümer), bei Nachverpachtung an den Vorpächter. Der Bilanzposten „Erbpachtverträge“ sollte nur die erwähnte Barvergütung enthalten und über die Dauer des Miet- oder Pachtverhältnisses abgeschrieben werden.

Ertragskonto: Bericht über die Geschäftstätigkeit in einem bestimmten Zeitraum, der die Einnahmen und Ausgaben/Aufwendungen zusammenfasst, die diesem Zeitraum zugeordnet werden, und den Reinertrag oder Verlust im Berichtszeitraum angibt. Häufig auch als Gewinn-und-Verlust-Rechnung oder als Erfolgsrechnung bezeichnet.

Ertragskraft: Eigentlich die Gewinnentwicklung eines Unternehmens oder eines bestimmten Wertpapiers, die als „normal“ oder nach vernünftigen Maßstäben als wahrscheinlich gilt. Sie sollte sich sowohl auf die bisherigen Gewinne als auch auf eine angemessene Gewissheit gründen, dass sich die Zukunft nicht drastisch von der Vergangenheit unterscheiden wird. Daher kann man Unternehmen, deren Gewinne zuvor stark geschwankt haben oder deren Zukunft besonders ungewiss ist, von der Logik her eigentlich keine klar definierte Ertragskraft zuschreiben. Allerdings wird der Begriff häufig auf die durchschnittlichen Gewinne über einen bestimmten Zeitraum oder gar auf den aktuellen Gewinn bezogen.

Ertragsmarge/Gewinnmarge/Marge: Betriebsertrag geteilt durch den Umsatz. Abschreibungen sind beim Betriebsertrag gewöhnlich berücksichtigt, Steuern hingegen nicht. Betriebsfremde Erträge und Zinslasten sind bis zum Betriebsergebnis noch nicht berücksichtigt.

Ertragsquote: Der Jahresgewinn je Aktie als Prozentsatz des Aktienkurses oder (seltener) des Nennwerts.

Eruptivförderung: Die hohe Fördermenge einer neuen Ölquelle in der Anfangszeit, auf die nach kurzer Zeit eine viel langsamere „geregelte" Förderung folgt. Es ist wichtig, bei der Analyse den Gewinn aus der Eruptivförderung nicht als dauerhaft zu betrachten.

Eventualverbindlichkeiten: Verbindlichkeiten, deren Höhe oder Entstehung unklar ist. Beispiele: Summen, die mit Gerichtsverfahren oder Steuerforderungen zusammenhängen; Verbindlichkeiten aufgrund von Bürgschaften.

Festgeld: Geld oder Einlage bei einer Bank, das oder die nicht auf Wunsch, sondern erst nach Ablauf eines (kurzen) Zeitraums abgehoben werden kann und im Allgemeinen verzinst wird.

Festgestellter Wert (des gezeichneten Kapitals): Der Wert, zu dem nennwertlose Aktien in der Bilanz geführt werden. Das kann ein völlig willkürlicher oder nomineller Betrag sein, der Emissionspreis oder der Buchwert der Aktie. (In manchen Bundesstaaten darf man bei Nennwertaktien einen festgestellten Wert unter dem Nennwert angeben.)

Fixkosten: Zinskosten und andere vergleichbare Abzüge, unter anderem Miete, garantierte Dividenden und subsidiäre Vorzugsdividenden, die Vorrang vor Lasten der Muttergesellschaft und der Abschreibung von Obligationsdisagien (des jährlichen Tilgungsbetrags für verkaufte Anleihen) haben. Gebäudemieten gelten gewöhnlich nicht als Fixkosten, sondern werden als Betriebskosten verbucht.

Funded Debt (langfristige Verbindlichkeiten): Schulden, die durch Wertpapiere verbrieft sind, also durch formelle schriftliche

Verträge, aus denen die Verpflichtung des Kreditnehmers hervorgeht, zu einem bestimmten Zeitpunkt und an einem bestimmten Ort einen bestimmten Betrag mit einem bestimmten Zinssatz zu bezahlen. Dazu gehören Anleihen, Schuldverschreibungen und Solawechsel, nicht aber Bankdarlehen.

Fusion: Ein Zusammenschluss, bei dem ein Unternehmen ein oder mehrere Unternehmen übernimmt.

Garantierte Hypothek: Ein Hypothekendarlehen auf Immobilien, bei dem die Zahlung von Zins oder Tilgung (meistens von beidem) durch eine Mortgage Guarantee Company oder eine Surety Company garantiert wird. Manchmal wird die ganze Hypothek mit dieser Garantie verkauft, häufig werden jedoch mehrere Hypotheken beim Treuhänder hinterlegt und „garantierte Hypothekenbriefe" mit der Hypothek als Sicherheit ausgegeben.

Geprüfter Bericht: Geschäftsbericht (Bilanz, Erfolgsrechnung und/oder Gewinnvortragsrechnung), dessen Korrektheit von einem zugelassenen Wirtschaftsprüfer nach einer unabhängigen Prüfung bescheinigt wurde. Es ist immer empfehlenswert, den an den Bericht angehängten Vermerk des Wirtschaftsprüfers sorgfältig zu lesen, denn der Umfang der Prüfung kann sehr unterschiedlich sein und die Prüfung kann erheblichen Beschränkungen und Vorbehalten unterliegen.

Gesamthypothek: Sicherungsrecht aller Liegenschaften einer Gesellschaft zum Zeitpunkt der Begebung, gewöhnlich gegenüber den zugrunde liegenden Hypotheken nachrangig. Im engeren Sinne ein Hypothekenpapier, das sich auf eine Anzahl einzelner Liegenschaften bezieht.

Gesamtschuldnerische Bürgschaft: Eine Bürgschaft durch mehr als eine Partei, wobei jede Partei für den vollen Betrag haften muss, wenn die anderen ihren Anteil der Verpflichtung nicht erfüllen.

Geschäftsjahr: Der 12-Monats-Zeitraum, den ein Unternehmen als Grundlage für die Berechnung und Meldung seiner Gewinne gewählt hat. Er fällt gewöhnlich mit dem Kalenderjahr zusammen (und endet somit am 31. Dezember). Das Geschäftsjahr vieler Handelsgesellschaften endet am 31. Januar, damit es leichter ist, nach der dynamischsten Jahreszeit Inventur zu machen. Aus den gleichen Gründen endet das Geschäftsjahr vieler Hersteller von Fleischprodukten am 31. Oktober.

Gesellschaftssatzung: Ein ähnliches Dokument wie eine Gründungssatzung oder Gründungsurkunde, in dem die Bedingungen festgelegt sind, gemäß denen ein Unternehmen vom Staat die Berechtigung erhält, Geschäfte zu betreiben.

Gesperrte Aktien: Stammaktien, auf die gemäß einer unüblichen Vereinbarung erst dann Dividenden gezahlt werden, wenn ein bestimmtes Ereignis eingetreten ist – meist die Erreichung eines bestimmten Unternehmensgewinns.

Gestaffeltes Wandlungs- oder Bezugsrecht: Wandlungs- oder Bezugsrecht, bei dem sich der Preis entweder im zeitlichen Verlauf oder nach Ausübung einer bestimmten Menge der Rechte ändert (fast immer im Verhältnis zum vorrangigen Papier ungünstig).

Gewinn-und-Verlust-Rechnung: Siehe „Erfolgsrechnung“.

Gewinnobligationen: Anleihen, deren Verzinsung vom Gewinn abhängt. Bei manchen Anleihen ist ein Teil des Zinses festgelegt und der Rest ist durch den Gewinn oder andere Faktoren bedingt. Auch als Gewinnschuldverschreibungen bezeichnet.

Gewinnrendite: Das Verhältnis des Marktpreises zum Jahresgewinn. Beispiel: Eine Aktie mit 6 Dollar Gewinn und einem Kurs von 50 Dollar hat eine Gewinnrendite von 12 Prozent. Siehe auch „Kurs-Gewinn-Verhältnis".

Goldklausel: Eine Klausel bei fast allen Anleihen, die in den Jahren vor 1933 begeben wurden. Sie versprach, dass die Zahlung in Gold-Dollar des gleichen Gewichts und des gleichen Feingehalts erfolgen würde wie zum Zeitpunkt des Vertragsschlusses. Seit 1933 rechtlich nicht mehr zulässig.

Goodwill: Immaterieller Vermögenswert, der die Kapitalisierung überschüssiger künftiger Gewinne wiedergeben soll, die infolge eines besonderen immateriellen Vorteils erwartungsgemäß anfallen werden, zum Beispiel aufgrund eines guten Namens, eines guten Rufes, eines strategischen Standorts oder besonderer Verbindungen. In der Praxis ist der Betrag, zu dem der Goodwill in der Bilanz geführt wird, selten ein gutes Maß für seinen wahren Wert.

Gründungsaufwand: Die unmittelbaren Kosten für die Gründung einer neuen Unternehmergesellschaft: vor allem Eintragung ins Handelsregister, Steuern und Anwaltskosten. Kann in der Bilanz als transitorischer Aktivposten erscheinen und wird in diesem Fall gegen die Gewinne der ersten Jahre abgeschrieben.

Haben: Siehe „Soll und Haben".

Hedge: Gewöhnlich die Vereinbarung, Rohstoffe zu einem künftigen Zeitpunkt zu liefern, um die Gefahr zu vermeiden, dass sich Preisänderungen des Rohstoffs auf die Kosten von Gütern auswirken, deren Herstellung und Verkauf bereits vertraglich vereinbart ist. Am Aktienmarkt der Kauf eines vorrangigen Wandelpapiers und der Leerverkauf der Menge Stammaktien, die bezogen werden können, wenn das Wandlungsrecht ausgeübt wird – und ähnliche Transaktionen.

Holdinggesellschaft: Eine Gesellschaft, die alle Anteile oder Mehrheitsbeteiligungen an Tochtergesellschaften besitzt. Manchmal wird insofern zwischen einer Holdinggesellschaft und einer Muttergesellschaft beziehungsweise einem Mutterkonzern unterschieden, als Letztere(r) eine Betriebsgesellschaft ist, die auch andere Betriebsgesellschaften besitzt oder kontrolliert, während die Holding nur Betriebsgesellschaften hält oder kontrolliert.

Immaterielle Vermögensgegenstände: Anlagegegenstände, die weder physischer noch finanzieller Natur sind. Patente, Markenzeichen, Urheberrechte, Alleinverkaufsrechte, Goodwill, Erbpachten und Abgrenzungsposten wie noch nicht getilgte Obligationsdisagien. Diese Posten müssen in der Bilanz – wenn überhaupt – als Kosten geführt werden, aber häufig handelt es sich bei ihnen um rein willkürliche Werte.

Innerer Wert: Der „wahre Wert", der hinter einem Wertpapier steht, im Unterschied zu seinem Marktpreis. Im Allgemeinen ein eher unklares Konzept, aber manchmal weisen Bilanz und Erfolgsrechnung zuverlässige Belege dafür aus, dass der innere Wert wesentlich höher oder niedriger als der Marktpreis ist.

Insolvenzverwaltung: Leitung eines Unternehmens durch einen Gerichtsvertreter, nach Weisungen des Gerichts, für gewöhnlich, weil es nicht in der Lage ist, Verpflichtungen bei Fälligkeit zu erfüllen.

Instandhaltung: Wartungs- und Reparaturkosten, die notwendig sind, damit Maschinen und Anlagen ordnungsgemäß funktionieren.

Kapital (eines Unternehmens): (a) Im engeren Sinne der in der Bilanz angegebene Wert der diversen Aktienemissionen; (b) im weiteren Sinne die durch die Aktienemissionen und die Rücklage vertretene Investition, und (c) in einem noch breiteren Sinne das Vorige zuzüglich aller langfristigen Verbindlichkeiten (siehe auch „Kapitalisierung".)

Kapitalanlagegesellschaft: Ein Unternehmen, das sein Kapital mit der Absicht in diverse Wertpapiere investiert, seinen Anleihe- und Aktieninhabern den Nutzen einer sachkundigen Finanzverwaltung und Diversifizierung zu bieten. Eigentlich ist diese Bezeichnung irreführend, denn viele Käufe fallen eher unter Spekulation als unter Anlage.

Kapitalaufwand/Investitionsausgaben: Aufwendungen oder Auslagen in bar oder in Bargeldäquivalenten, die unternommen werden, um das Anlagevermögen zu vergrößern oder zu verbessern. Vergleiche „Erfolgswirksame Ausgaben".

Kapitalisierung fixer Kosten: Berechnung des Schuldbetrags, dessen Zinsen den betreffenden Fixkosten entsprechen würden. Methode: Man teile die Fixkosten durch den angenommenen Zinssatz. Beispiel: Fixkosten von 100.000 Dollar, zu 4 Prozent kapitalisiert, ergibt einen Betrag von 100.000 Dollar : 0,04 = 2.500.000 Dollar.

Kapitalisierung von Aufwendungen: Bei manchen Aufwendungen liegt es im Ermessen des Unternehmens, ob sie als laufende Kosten oder als Kapitalaufwand behandelt werden. Im letzteren Fall erscheint die Aufwendung in der Bilanz als Aktivposten, der normalerweise über mehrere Jahre abgeschrieben wird. Beispiele für solche Kosten: immaterielle Förderkosten (bei Ölgesellschaften), Entwicklungskosten (im Bergbau und im verarbeitenden Gewerbe), Gründungsaufwand, Aufwendungen für die Begebung von Anleihen oder Aktien.

Kapitalisierung: Gesamtwert der verschiedenen, von einem Unternehmen ausgegebenen Wertpapiere, unter anderem Anleihen, Vorzugsaktien und Stammaktien. (Manchmal ist es eine Ermessensfrage, ob eine kurzfristige Verbindlichkeit zur Kapitalisierung gerechnet oder als laufende Verbindlichkeit außerhalb des Kapitals betrachtet wird. Ist sie innerhalb eines Jahres fällig, gilt sie meistens als laufende Verbindlichkeit.)

Kapitalrücklage: Siehe Rücklage.

Kapitalstruktur: Die Aufteilung der Kapitalisierung auf Anleihen, Vorzugsaktien und Stammaktien. Besteht die Kapitalisierung vollständig oder fast vollständig aus Aktien, kann man die Struktur als „konservativ" bezeichnen; stellen Stammaktien nur einen kleinen Teil der Summe dar, wird die Struktur als „spekulativ" bezeichnet.

Kaufgeldhypotheken: Hypotheken, die auf Teilzahlungen für Immobilien- oder anderes Eigentum ausgeben werden und pfandrechtlich an das erworbene Eigentum gebunden sind. Sie werden oft eingesetzt um die „Nach-Grunderwerb"-Klausel von Anleihen zu umgehen, die ein Unternehmen zuvor ausgegeben hat.

Konsolidierter Abschluss: Ein Geschäftsbericht (Bilanz, Erfolgsrechnung und/oder Gewinnvortragsrechnung), der die einzelnen Berichte des Konzerns und seiner verbundenen Gesellschaften zusammenfasst. In konsolidierten Abschlüssen werden alle konzerninternen Vorfälle eliminiert und sie stellen den Konzern dar, als handele es sich um ein einzelnes Unternehmen.

Konsolidierung: Der Zusammenschluss von zwei oder mehr Gesellschaften zu einer neuen Gesellschaft. Siehe auch „Fusion".

Konzerninterne Schulden: Schulden eines Unternehmens bei einem anderen Unternehmen, von dem es kontrolliert wird, das es kontrolliert, oder das von den gleichen Beteiligungen kontrolliert wird wie der Schuldner.

Kumulative Vorzugsaktie: Vorzugsaktie mit dem Recht auf einen festen Dividendensatz, auf die alle Dividenden aus den Vorjahren ausgeschüttet werden, bevor Ausschüttungen auf Stammaktien erfolgen. Manche Vorzugsaktien sind nur auf Dividenden bezogen kumulativ, die in einem Jahr erwirtschaftet, aber nicht ausgeschüttet wurden.

Kumulierte Abschreibung: Methode zur Berechnung der Zinsdeckung von Anleihen, bei der lediglich die Zinsen auf Anleihen von höherem oder gleichem Rang wie die betrachtete Anleihe berücksichtigt werden. Diese Methode lässt Zinsen auf nachrangige Anleihen außer Acht. Sie sollte, wenn überhaupt, nur zur Zweitprüfung als Ergänzung zur „Gesamtmethode" eingesetzt werden. Siehe dort.

Kündbarkeit: Bestimmung im Rahmen einer Anleihebegebung, wonach sie nach Ermessen der Gesellschaft – nicht des Inhabers – vor Ende der Fälligkeit getilgt werden kann. Dabei können für verschiedene Zeitpunkte verschiedene Preise festgelegt werden. Das gilt auch für Vorzugsaktien.

Kurs-Gewinn-Verhältnis: Der Marktpreis geteilt durch den derzeitigen Jahresgewinn einer Aktie. Beispiel: Ein Aktienkurs von

84 Dollar und ein Gewinn pro Aktie von 7 Dollar ergibt ein Kurs-Gewinn-Verhältnis von 12.

Kurzfristige Verbindlichkeiten/laufende Verbindlichkeiten: Anerkannte Forderungen gegen das Unternehmen, die innerhalb eines Jahres fällig sein sollen.

Kurzfristiges Umlaufvermögen: Vermögensgegenstände, die in bar vorliegen oder sich schnell in Bargeld umwandeln lassen oder im Laufe des ordentlichen Geschäftsbetriebs relativ zügig in Bargeld umgewandelt werden. Bargeld, Bargeldäquivalente, innerhalb eines Jahres fällige Forderungen und Vorräte. (Eigentlich dürften Bestände mit langer Lagerdauer nicht dem kurzfristigen Umlaufvermögen zugerechnet werden, jedoch ist dies üblich.)

Langfristiger Trend: Eine langfristige Bewegung – von Preisen, Produktionszahlen und so weiter – in eine bestimmte Richtung, im Gegensatz zu saisonalen Schwankungen.

Laufende Kapitalaufwendungen: Aufwendungen oder Auslagen in bar oder Bargeldäquivalenten für die Werterhaltung von Vermögensgegenständen (zum Beispiel Reparaturen, nicht aber Verbesserungen) oder, um laufende Erlöse zu erzielen (zum Beispiel der Einkauf von Rohmaterialien, Lohnkosten für Fabrikarbeiter). Siehe auch „Kapitalaufwand“.

Leerverkauf: Verkauf einer Aktie, die man nicht besitzt. Die Lieferung an den Käufer wird so organisiert, dass die Aktie von einem Besitzer geliehen wird, der dafür als Sicherheit eine Barsumme erhält, die dem Aktienkurs entspricht und auf dieser Höhe gehalten wird. Beim endgültigen Kauf der Aktie durch den Leerverkäufer wird die dadurch von ihm empfangene Urkunde dem Verleiher übergeben und das ihm übermittelte Geld zurückgegeben.

Leverage: Die Tatsache, dass der Gewinn pro Aktie und der Aktienkurs deshalb stark schwanken, weil die Stammaktien im Vorfeld relativ hohe Fixkosten und Abzüge (Zinsen und/oder Vorzugsdividenden) haben. Prozentual kleine Änderungen des Bruttoertrags oder der Betriebskosten wirken sich dann viel stärker auf den Börsenkurs einer Stammaktie aus. Eine Leverage-Aktie wird normalerweise zu einem im Verhältnis zu vorrangigen Papieren niedrigen Gesamtpreis gehandelt.

Liquidationswert: Der Betrag, der für ein Wertpapier zur Verfügung stünde, wenn das Unternehmen abgewickelt würde und seine Vermögensgegenstände zu Bargeld gemacht würden. Er ist geringer als der sogenannte Buchwert, weil man berücksichtigen muss, dass der Wert mancher Vermögensgegenstände geringer ist, wenn sie innerhalb kurzer Zeit verkauft werden.

Liquidationswert: Im Falle von Anteilen einer Kapitalanlagegesellschaft oder Holdinggesellschaft der Wert der für die Begebung verfügbaren Vermögensgegenstände, wobei alle marktfähigen Wertpapiere zum Marktwert geführt werden.

Marktgängigkeit: Die Leichtigkeit, mit der sich ein Wertpapier kaufen und verkaufen lässt. Für eine gute Marktgängigkeit ist ein ständiger enger Vergleich zwischen Geld- und Briefkursen erforderlich, damit es problemlos in großen Mengen gekauft und verkauft werden kann.

Materielle Vermögensgegenstände: Vermögensgegenstände, die entweder physischer oder finanzieller Natur sind – zum Beispiel Sachanlagen, Vorräte, Barbestand, Forderungen, Investitionen. Siehe „Immaterielle Vermögensgegenstände".

Mehrstimmrecht: Die Vereinbarung, dass auf jede Aktie zu jedem Verwaltungsratsmitglied so viele Stimmen abgegeben werden können, wie Mitglieder zu wählen sind. Dies ermöglicht es bedeutenden Minderheiten, ein oder mehrere Verwaltungsratsmitglieder zu wählen. In manchen Bundesstaaten (zum Beispiel Pennsylvania und Michigan) ist das vorgeschrieben, bei manchen Unternehmen in anderen Staaten steht das Mehrstimmrecht in der Satzung.

Miete für gemeinsam genutzte Anlagen: In Erfolgsrechnungen von Eisenbahngesellschaften die bezahlte oder erhaltene Miete für Bahnhofsanlagen oder andere ähnliche Immobilien, die von mehreren Bahnen gemeinsam genutzt werden.

Mietverbindlichkeiten: Die Verpflichtung, im Rahmen eines Mietverhältnisses für einen bestimmten Zeitraum eine bestimmte Miete zu bezahlen.

Mündelsichere Kapitalanlagen: Wertpapiere, die den gesetzlichen Vorschriften für Anlagen genügen, die von Sparkassen und Treuhandfonds getätigt werden. Gewöhnlich veröffentlicht die Abteilung Bankwesen eines Bundesstaats jährlich eine Liste von Wertpapieren, die sie als geeignet für Investitionen vonseiten der Sparkassen und Treuhandfonds erachtet und die in den Vereinigten Staaten als „legals" bezeichnet werden.

Muttergesellschaft/Mutterkonzern: Siehe „Holdinggesellschaft".

Nachrangiges Wertpapier: Wertpapier, dessen Anspruch auf Zinsen, Dividenden oder einen Nennwert einem anderen als vorrangig bezeichneten Papier nachgeordnet ist. Zweitrangige Hypotheken sind gegenüber erstrangigen Hypotheken auf die gleiche Immobilie nachrangig, Stammaktien sind gegenüber Vorzugsaktien nachrangig und so weiter.

Net quick assets: Entweder (vorzugsweise) das Nettoumlaufvermögen/Betriebskapital oder das Nettoumlaufvermögen ohne Vorräte.

Nettoanlagevermögen: Siehe „Grundstückskonto".

Nettoumlaufvermögen (Betriebskapital): Umlaufvermögen abzüglich laufender Verbindlichkeiten.

Nicht getilgtes Obligationsdisagio: Der Teil des ursprünglichen Obligationsdisagios, der noch nicht getilgt oder gegen den Gewinn gebucht wurde.

Nicht-kumulative Vorzugsaktie: Vorzugsaktie mit der Klausel, dass dann, wenn in einem Zeitraum keine Dividenden ausgeschüttet werden, der Inhaber jegliches Anrecht auf Dividenden für diesen Zeitraum verliert. Ist die Dividende bis zur Höhe des Gewinns kumulativ, steht das Wertpapier auf halbem Weg zwischen einer eindeutig kumulativen und einer eindeutig nicht kumulativen Vorzugsaktie.

Non-Detachable Warrants: Siehe „Warrants".

Obligationsdisagio: In Unternehmensabschlüssen der Betrag, um den der Nennwert einer Anleihe über dem Nettobetrag liegt, den die begebende Gesellschaft dafür erhält. Dieses Disagio wird gewöhnlich während der Laufzeit der Anleihe getilgt. Im Volksmund der Anleger auch der Kursabschlag, die positive Differenz zwischen dem Nennwert einer Anleihe und ihrem aktuellen Kurswert. Eine Anleihe, die „mit Abschlag gehandelt wird", kostet weniger als 100 beziehungsweise notiert unter pari.

Öffentliche Anleihen: Darlehen, die von einer staatlichen Körperschaft aufgenommen werden – auf Bundes-, Landes- oder kommunaler Ebene.

Operating Ratio: Bei Eisenbahngesellschaften der Quotient aus dem Bruttoerlös oder Bruttoertrag und den betrieblichen Aufwendungen ohne Steuern. Bei öffentlichen Versorgern im Allgemeinen der Quotient aus den operativen Aufwendungen einschließlich Steuern und Abschreibungen durch den Gesamterlös. Ähnlich ist es bei Industriekonzernen, nur dass manche Behörden die Abschreibungen nicht berücksichtigen und die meisten die Ertragsteuern nicht in die betrieblichen Aufwendungen einbeziehen.

Over-all Method: Die richtige Methode für die Berechnung des Zinsdeckungsgrads von Anleihen oder des Dividendendeckungsgrads von Vorzugsaktien. Bei Anleihezinsen schaut man, wie oft die gesamten Fixkosten gedeckt sind. Bei Vorzugsaktien schaut man, wie oft die Summe aus allen Fixkosten und Vorzugsdividenden gedeckt sind. (Bei einer Vorzugsaktie, die gegenüber einer anderen Vorzugsaktie Vorrang genießt, können die Anforderungen für die nachrangige Vorzugsaktie weggelassen werden.)

Passive Abgrenzungsposten, aktive Abgrenzungsposten: Buchhaltungsposten, die Auslagen darstellen, die irgendwann als Aufwendungen gebucht werden. Sie werden nicht sofort in einem Aufwandskonto gebucht, weil es angebrachter ist, sie gegen die Geschäftstätigkeit späterer Jahre zu buchen. Dazu gehören nicht getilgte Obligationsdisagien, Gründungsaufwand, Entwicklungskosten sowie Vorauszahlungen für Werbung, Versicherungen und Miete. Die drei Letztgenannten werden auch als transitorische Aktiva bezeichnet.

Per Erscheinen: Bezieht sich auf Geschäfte mit Wertpapieren, die im Rahmen einer Sanierung, einer Fusion oder einer Kapitalmaßnahme emittiert werden sollen. Wird das Vorhaben aufgegeben oder wesentlich verändert, werden Geschäfte „per Erscheinen" unwirksam.

Prior Deductions Method: Eine vollkommen ungeeignete Methode zur Berechnung des Zinsdeckungsgrads oder des Dividendendeckungsgrads von Vorzugsaktien. Dabei werden zunächst die Forderungen aus vorrangigen Verpflichtungen vom Gewinn abgezogen und der Rest auf die Forderungen der nachrangigen Papiere angewendet. Siehe auch „Over-all Method".

Prospekt: Ein Dokument, das die Emission eines neuen Wertpapiers beschreibt; insbesondere die detaillierte Beschreibung, die gemäß dem Securities Act von 1933 an Kaufwillige herausgegeben werden muss.

Qualitative Faktoren (bei der Analyse): Faktoren, die sich nicht beziffern lassen – zum Beispiel das Management, die strategische Positionierung, die Arbeitsbedingungen, die Aussichten und so weiter.

Quantitative Faktoren (bei der Analyse): Faktoren, die sich beziffern lassen – zum Beispiel Bilanzposten, Gewinne, Dividendensätze, Kapitalstruktur, Produktionskennzahlen und so weiter.

Quick Assets: (a) Manchmal für das Umlaufvermögen verwendet, aber vorzugsweise (b) Umlaufvermögen ohne Vorräte.

Rechnungsprüfung: Eine Prüfung der Finanzlage und des Betriebs eines Unternehmens vor allem anhand von dessen Rechnungsbüchern mit dem Zweck, Informationen für die Bilanz, die Erfolgsrechnung und/oder die Gewinnvortragsrechnung zu erfassen oder zu überprüfen. Siehe auch „Geprüfter Bericht".

Reinvermögen: Der Betrag, der den Aktionären laut den Büchern zur Verfügung steht. Bestehend aus Kapital, Überschuss und Rücklagen, die dem Überschuss entsprechen. Meistens werden auch in den Büchern erscheinende immaterielle Vermögensgegenstände eingerechnet, und insofern unterscheidet es sich vom „Buchwert" der Aktien.

Rendite: Der prozentuale Ertrag einer Investition. Die laufende Rendite (bei Anleihen auch Umlaufrendite) erhält man, indem man die Dividende (bei Aktien) oder die Zinsen (bei Anleihen) durch den Kurs teilt. Dabei bleibt der Faktor der Laufzeit oder des etwaigen Verkaufs/der Kündigung zu einem höheren oder niedrigeren Preis als dem Marktpreis außer Acht. Die Rückzahlungsrendite (einer Anleihe) berücksichtigt hingegen den Gewinn oder Verlust bezogen auf den Nennwert, der durch die Rückzahlung bei Fälligkeit anfällt. Ist eine Anleihe vor Fälligkeit kündbar, kann die Rückzahlungsrendite niedriger ausfallen, wenn man annimmt, dass eine Kündigung erfolgt. Die wahre Rückzahlungsrendite sollte die niedrigste sein, die unter Annahme einer Kündigung ausgewiesen wird.

Royalty, Tantieme, Lizenzgebühr: Eine Zahlung (a) für die Nutzung eines Patents, (b) an den Besitzer von Öl- oder Gasfeldern durch die Förderer oder (c) an den Verfasser eines Buches, eines Theaterstücks und so weiter.

Rücklage/Überschuss: Der Betrag, um den das Gesamtvermögen oder das Aktionärskapital den Nennwert oder den festgestellten Wert des gezeichneten Kapitals und die einbehaltenen Rücklagen übersteigt. Diese Rücklage ergibt sich zumindest zum Teil aus einbehaltenen Gewinnen aus Geschäftstätigkeit.

Dieser Teil wird auch als Gewinnrücklage oder als Gewinn- und Verlustrücklage bezeichnet, um ihre Herkunft anzugeben. Derjenige Teil der Rücklage, der aus anderen Quellen stammt (zum Beispiel aus Höherbewertungen von Sachanlagen, aus Minderungen des Nennwerts oder festgestellten Wertes gezeichneter Aktien oder aus dem Verkauf von Aktien mit Aufschlag) wird auch als Kapitalrücklage bezeichnet.

Rücklagenrechnung: Eine Aufstellung der Veränderungen der Rücklagen im Geschäftsjahr (oder einem anderen Berichtszeitraum). Sie gibt die Rücklage zu Beginn der Periode zuzüglich des Reinertrags in der Periode abzüglich Dividenden sowie zuzüglich oder abzüglich etwaiger außerordentlicher Zu- oder Abgänge der Rücklagen an. Unter dem Strich steht folglich die Rücklage am Ende des Berichtszeitraums.

Rückstellung für substanzbedingte Wertminderungen: Wertberichtigung zur Berücksichtigung des gesamten bisherigen Verzehrs der Vermögensgegenstände, auf die sie sich bezieht (gewöhnlich Bodenschätze oder Holz). Der Abzug dieser Rückstellung von dem entsprechenden Bilanzposten gibt an, wie das Unternehmen den Wert des verbleibenden Vermögensgegenstands einschätzt.

Rückstellung für Verbindlichkeiten: Rückstellung oder Forderung gegen ein Unternehmen, die eine Verbindlichkeit darstellt, deren Bestehen unzweifelhaft ist, deren exakte Höhe jedoch noch nicht ermittelt werden kann (zum Beispiel Steuerrückstellungen).

Rückstellungen für Abschreibungen: Wertberichtigung, die die gesamte Minderung des Buchwerts der betreffenden Vermögensgegenstände bis heute wiedergibt und somit angibt, wie viel von der Nutzungsdauer verstrichen ist. Eine Rückstellung für Abschreibungen in Höhe von 200.000 Dollar für einen Vermögensgegenstand im Wert von 1.000.000 Dollar bedeutet nicht, dass der Vermögensgegenstand 800.000 Dollar wert wäre, sondern dass mutmaßlich circa 20 Prozent seiner Nutzungsdauer verstrichen sind.

Rückstellungen für Wertberichtigung: Rückstellungen, die gebildet werden, um (a) auf eine Minderung des Wertes der betreffenden Vermögensgegenstände hinzuweisen, (b) Vorkehrungen für den relativ wahrscheinlichen Fall zu treffen, dass nicht der volle Wert realisiert werden kann. Beispiel für (a): Rückstellungen für Wertminderung und Werteverzehr, Rückstellungen für die Wertberichtigung von gehaltenen Wertpapieren auf den Marktwert. Beispiel für (b): Rückstellung für faule Konten.

Rückstellungen/Rücklagen für Eventualverbindlichkeiten: Rückstellungen oder Rücklagen aus Gewinn oder Überschuss, die für mögliche künftige Verluste oder Forderungen gegen das Unternehmen bestimmt sind, deren Wahrscheinlichkeit sehr fraglich ist (zum Beispiel ein künftiger Rückgang des Marktwerts von Warenbeständen oder marktgängigen Wertpapieren). Meistens werden sie als Teil der Rücklage betrachtet, auch wenn sie sich gelegentlich auf wahrscheinliche und nicht nur mögliche Verluste oder Forderungen beziehen.

Rückstellungen: Ausgleichsposten gegen gesamte oder bestimmte Werte von Vermögensgegenständen, die in den Büchern geführt werden, um (a) Vermögensgegenstände zu vermindern oder neu zu bewerten, (b) auf das Bestehen von Verbindlichkeiten hinzuweisen, deren Höhe gewöhnlich ungewiss ist, oder (c) um einen Teil der Rücklagen für einen künftigen Zweck vorzumerken. Siehe „Rückstellungen für Wertberichtigung“, „Rückstellungen für Verbindlichkeiten“ und „Einbehaltene Rücklage“. Genau genommen stellen Rückstellungen keine Vermögensgegenstände dar, sondern Ansprüche gegen Vermögensgegenstände oder Abzüge von Vermögensgegenständen. Vermögensgegenstände, die reserviert werden, um Rücklagen zu decken, sollten als „Reservemittel“ bezeichnet werden.

Saisonale Schwankungen oder Fluktuationen: Änderungen der Betriebsergebnisse aufgrund der Jahreszeit. Diese müssen bei der Interpretation von Ergebnissen, die nur einen Teil des Jahres betreffen, berücksichtigt werden.

Satzung: Die vom Staat ausgestellte Gründungsurkunde oder Konzession, die es der Gesellschaft rechtlich erlaubt, ihre Geschäfte gemäß den in der Satzung festgelegten Ermächtigungen zu führen.

Schutzklauseln: Bestimmungen in einem Anleihevertrag oder in einer Gesellschaftssatzung zu einer Vorzugsaktie, die (a) die Gesellschaft verpflichten, gewisse Dinge nicht zu tun, die als schädigend für das Papier gelten, oder die (b) Rechtsmittel für den Fall ungünstiger Entwicklungen festlegen. Beispiel für (a): eine Vereinbarung, das Eigentum nicht vorrangig vor der Anleihebegebung pfandrechtlich zu belasten. Beispiel für (b): der Übergang von Stimmrechten an die Vorzugsaktien, wenn die Dividenden nicht ausgezahlt werden.

Scrip Dividends: Dividenden, die in Form von Wechseln oder anderen Zahlungsversprechen über den später fälligen Barbetrag ausgeschüttet werden. Das Datum kann feststehen, durch bestimmte Ereignisse bedingt sein oder völlig im Ermessen des Verwaltungsrats liegen.

Serienschuldverschreibung: Begebung einer Schuldverschreibung unter der Maßgabe, dass nicht alle Teile gleichzeitig, sondern an aufeinanderfolgenden Zeitpunkten fällig werden, meist im Abstand von jeweils einem Jahr.

Sicherheitsfaktor: Eine Methode, die Fixkostendeckung zu berechnen. Ein Beispiel: für Zinsen zur Verfügung stehender Gewinn 175.000 Dollar, Zinslast 100.000 Dollar, daraus ergibt sich ein Sicherheitsfaktor von (175.000 - 100.000) : 100.000 = 0,75 = 75 Prozent. Der Sicherheitsfaktor berechnet sich also nach der Formel (Zinsdeckung - 1) x 100 Prozent. (Dieser Begriff veraltet.)

Sicherheitsmarge: Im Allgemeinen das Gleiche wie der Zinsdeckungsgrad. Wurde früher im engeren Sinne für das Verhältnis zwischen dem Restbetrag nach Zinsen zu dem für Zinsen zur Verfügung stehenden Gewinn verwendet. Ein Beispiel: Wenn die Zinsen 1,75-fach gedeckt sind, beträgt die Sicherheitsmarge (in diesem engeren Sinne) 0,75 : 1,75 = 0,4286 = 42,86 Prozent.

Soll und Haben: Buchhalterische Begriffe, mit denen zwei Arten von Konten und Posten bezeichnet werden. Die Posten auf der linken Seite eines Kontos werden als Soll bezeichnet, und Konten, deren Saldo normalerweise auf der linken Seite steht (aktive Bestandskonten und Aufwandskonten), werden Passivkonten genannt. Man belastet ein Konto im Soll, um die Zunahme eines Vermögensgegenstands, die Abnahme einer Verbindlichkeit oder einen Aufwand aufzuzeichnen. Posten auf der rechten Seite werden als Gutschriften bezeichnet, und Konten mit Saldo auf der rechten Seite (passive Bestandskonten, Eigenkapitalkonten und Ertrags- beziehungsweise Erfolgskonten) nennt man Habenkonten. Eine Gutschrift wird gebucht, um die Abnahme eines Vermögenswerts, die Zunahme einer Verbindlichkeit oder eine Einnahme beziehungsweise einen Gewinn aufzuzeichnen.

Spekulation: Finanztransaktionen, bei denen wissentlich Risiken eingegangen werden, um von erwarteten künftigen Ereignissen zu profitieren.

Standardanleihen: Anleihen, die den üblichen Bedingungen entsprechen: (a) uneingeschränktes Recht auf Rückzahlung eines festgelegten Nennwerts zu einem festgelegten Zeitpunkt, (b) uneingeschränktes Recht auf festgelegte Zinszahlungen zu festgelegten Zeitpunkten, (c) keine weitere Beteiligung an Vermögen oder Gewinn sowie kein Stimmrecht in der Unternehmensführung.

Steuerbefreiungsklausel: Die Zusage eines Unternehmens, Zinsen ohne etwaigen gesetzlich vorgeschriebenen Abzug (oder die Einbehaltung) von Bundessteuern zu zahlen, gewöhnlich bis zu einem maximalen Anteil. Gemäß einer Ausnahmebestimmung der Einkommensteuergesetzgebung bedeutet diese Klausel, dass Unternehmen Ertragsteuer in Höhe von bis zu zwei Prozent der Coupons bezahlen.

Stilllegungsaufwand oder Stilllegungsrückstellung: (a) Im Ertragskonto: Die buchhalterische Belastung, die viele Konzerne anstatt einer Abschreibung für Wertminderung einsetzen, um anfallende Verluste durch die irgendwann erfolgende Stilllegung (Verschrottung) von Betriebsanlagen zu berücksichtigen. Sie kann alle im Eigentum befindlichen Anlagen berücksichtigen und entspricht in diesem Fall ungefähr der normalen Abschreibung. Üblicher ist, nur Anlagen zu berücksichtigen, die wahrscheinlich innerhalb der nächsten Jahre stillgelegt werden, sodass der Aufwand/die Rückstellung gewöhnlich niedriger ist als die normale Abschreibung. (b) In der Bilanz: Die Rückstellung für Stilllegung ist eine Bewertungsrückstellung, die den bis zum Stichtag angefallenen Stilllegungsaufwand darstellt. Ähnelt der Rückstellung für Wertminderung und gilt als Ersatz dafür, stellt aber häufig einen geringeren Anteil des Wertes der betreffenden Vermögensgegenstände dar, als es eine ordnungsgemäß gebildete Rückstellung für Wertverlust täte.

Stillstandskosten: Die Kosten für die Unterhaltung (Wartung, Abschreibung) von nicht betriebenen Produktionsanlagen.

Stimmbindung: Die Vereinbarung zwischen Aktionären, ihre Stimmrechte (gewöhnlich nur über Verwaltungsratsmitglieder) einer kleinen Personengruppe abzutreten, die als Stimmrechtsbevollmächtigte bezeichnet werden. Die Originalaktien werden im Namen der Stimmrechtsbevollmächtigten registriert und treuhänderisch verwahrt, dafür erhalten die Aktionäre sogenannte Stimmbindungs-Treuhandzertifikate. Die Stimmbindung gilt gewöhnlich fünf Jahre lang. Dadurch haben die Aktionäre alle Rechte der verwahrten Papiere außer dem Stimmrecht.

Straight Investment: Eine Anleihe oder Vorzugsaktie mit entschieden begrenzter Verzinsung oder Dividende, die ausschließlich wegen dieser regelmäßigen Einkünfte und ohne Bezug auf mögliche Wertsteigerungen gekauft wird.

Substanzbedingte Wertminderung: Wertminderung eines Vermögensgegenstands, der durch Entnahmen aufgezehrt wird, beispielsweise durch Erzabbau oder Holzeinschlag.

Tilgung/Abschreibung: Das Verfahren, eine Verbindlichkeit, einen aktiven Abgrenzungsposten oder eine Kapitalaufwendung über einen bestimmten Zeitraum zu tilgen. Beispielsweise wird (a) eine Hypothek durch regelmäßige Teilzahlungen des Nennbetrags getilgt, (b) das Disagio einer Anleihe durch regelmäßige Buchung der Einkünfte jedes Jahres, in dem die Anleihen umlaufen, anteilig auf das gesamte Disagio, getilgt, und (c) werden Sachanlagen durch Aufwendungen für Abnutzung, Wertminderung und Veralterung abgeschrieben.

Tilgungsanleihe/Tilgungsfonds: Verfahren, wonach ein Teil einer Anleihe- oder Vorzugsaktienbegebung stufenweise vor dem feststehenden Laufzeitende getilgt wird. Entweder kauft das Unternehmen eine festgelegte Menge der Papiere, oder es stellt zu diesem Zweck einem Vertreter oder Treuhänder Mittel zur Verfügung. Die Tilgung kann durch Kündigung zu einem Festpreis, durch Ausschreibung oder durch Kauf am freien Markt erfolgen. Die Höhe der Tilgungsanleihe beziehungsweise des Tilgungsfonds kann in Dollar, in Prozent der Begebung, anhand des Produktionsvolumens oder anhand des Gewinns angegeben sein.

Tochtergesellschaft: Eine Gesellschaft, die von einer anderen Gesellschaft (als Muttergesellschaft bezeichnet) durch den Besitz einer Mehrheit der stimmberechtigten Aktien beherrscht wird.

Trend: Eine beständige Änderung (beispielsweise des Gewinns) in eine bestimmte Richtung über einen gewissen Zeitraum.

Bei der Projektion früherer Gewinne in die Zukunft ist Vorsicht geboten.

Treuhänder: Jemand, dem ein Eigentumstitel zum Nutzen eines Dritten abgetreten wurde. So ist der Treuhänder einer Hypothekenanleihe der Inhaber der Hypothek (das heißt, er hat ihr das belastete Eigentum übereignet), die in erster Linie den Anleiheinhabern zugutekommt. Ein Konkursverwalter hält als Treuhänder einen Titel auf das Eigentum der bankrotten Partei (mit gewissen Ausnahmen), was in erster Linie den Gläubigern der bankrotten Partei zugutekommt. Ein Treuhänder kann auch Verpflichtungen übernehmen, die nicht mit dem unmittelbaren Besitz des Eigentums zusammenhängen – zum Beispiel der im Vertrag einer nicht besicherten Anleihe (Schuldverschreibung) benannte Treuhänder.

Treuhandfonds: Mittel, die von einem Treuhänder zum Nutzen eines Dritten gehalten werden. In den vom Stifter des Fonds festgelegten Bedingungen ist geregelt, in welche Art von Eigentum der Treuhänder investieren darf, ob also nur mündelsichere Anlagen zugelassen sind oder ob es im Ermessen des Treuhänders liegt.

Treuhandgremium/Insolvenzverwalter: Ein Gremium, das gewöhnlich auf Betreiben einer bedeutenden Fraktion von Wertpapierinhabern eingesetzt wird und bezüglich wichtiger problematischer oder strittiger Angelegenheiten im Namen aller Eigentümer handelt. Meistens im Zusammenhang mit einer Insolvenz eingesetzt, um die Sanierung zu regeln. Manchmal auch lediglich aufgrund von Meinungsverschiedenheiten bezüglich grundlegender Vorgehensweisen etwa zwischen den Aktionären und der Unternehmensleitung.

Überalterung: Der Wertverlust eines Kapitalguts infolge neuer Entwicklungen in der Herstellung oder infolge Erfindungen, die das Gut geschäftlich unbrauchbar machen. Auch die buchhalterische Aufwendung (gewöhnlich im Rahmen der Abschreibungen für Wertverlust), die dem wahrscheinlichen zukünftigen Wertverlust aufgrund dieser Ursachen Rechnung trägt.

Umschichtung: Der Verkauf eines Wertpapiers und seine Ersetzung durch ein anderes, um einen erwarteten Vorteil zu erzielen.

Ungesicherte langfristige Verbindlichkeiten: Verpflichtungen einer Gesellschaft, die nur durch deren allgemeine Bonität besichert sind. Es besteht keine unmittelbare sicherungsrechtliche Bindung an ein bestimmtes Eigentum der Gesellschaft. (Manchmal wird die englische Bezeichnung „Debentures" auf Vorzugsaktien angewendet.)

Unterlassene Instandhaltung: Instandhaltungsaufwand, der hätte aufgebracht werden müssen, um Anlagen in ordnungsgemäßem Betriebszustand zu halten, jedoch auf einen späteren Zeitpunkt verschoben wurde. Diese Kennzahl für die Vernachlässigung von Maschinen und Anlagen erscheint zwar nicht im Geschäftsbericht, jedoch lässt sich häufig darauf schließen, wenn der Instandhaltungsaufwand drastisch niedriger ist als in den Vorjahren. Besonders deutlich fällt dies in den Erfolgsrechnungen von Eisenbahngesellschaften auf.

Unternehmenswert: Der Wert eines Unternehmens, der auf dem laufenden Geschäftsbetrieb basiert, also auf seiner Ertragskraft und seinen Aussichten, weniger auf der Liquidation seiner Vermögensgegenstände.

Unvorhergesehene Wertminderung: Siehe „Wertminderung/Abschreibung".

Verbindlichkeiten (bills payable): Technisch gesehen bedingungslose schriftliche Anweisungen an das Unternehmen seitens eines anderen Unternehmens oder einer Person, einen Geldbetrag zu zahlen. In der Praxis sind damit gewöhnlich fällige Bankdarlehen gemeint.

Verbindlichkeiten: Anerkannte Forderungen gegen ein Unternehmen. Im engeren Sinne zählen dazu nur Forderungen von Gläubigern, nicht die Forderungen, die durch Aktienkapital, Rücklagen und einbehaltene Rücklagen entstehen. Im weiteren Sinne alle Posten auf der rechten Seite der Bilanz.

Verbürgte Wertpapiere: Aktien oder Anleihen, für deren Nennwert, Zinsen, Dividenden, Tilgung und so weiter eine andere als die begebende Gesellschaft bürgt. Normalerweise kommen Bürgschaften durch Vermietung oder Verpachtung von Grundbesitz des begebenden Unternehmens an ein anderes zustande, oder um den Verkauf von Wertpapieren durch ein Unternehmen zu ermöglichen, das von einem anderen beherrscht wird. Der Wert der Bürgschaft hängt von der Kreditwürdigkeit der bürgenden Gesellschaft und von ihren Gewinnen ab; ein verbürgtes Wertpapier kann allerdings auch eigenständig sein, obwohl die Bürgschaft an sich fragwürdig ist.

Verfügbare Mittel: Das Gleiche wie Umlaufvermögen, manchmal jedoch unter Ausschluss der Vorräte.

Vermögen: Die werthaltigen Mittel oder Eigentum und Eigentumsrechte im Besitz einer Gesellschaft. Siehe auch „Anlagevermögen", „Kurzfristiges Umlaufvermögen", „Immaterielle Vermögensgegenstände" und „Materielle Vermögensgegenstände/Sachanlagen".

Vertretungsvollmacht: Die Bevollmächtigung durch einen Wertpapierinhaber an eine andere Person, ihr Stimmrecht bezüglich der Wahl von Verwaltungsräten oder anderer Angelegenheiten auszuüben.

Verwässerte Aktie: Aktie, deren tatsächlicher Reinvermögenswert beträchtlich unter ihrem Nennwert oder festgestellten Wert liegt, weil ein Teil des in der Unternehmensbilanz angegebenen Wertes entweder fiktiv oder höchst fragwürdig ist.

Verwässerung: Im Fall eines Wandelpapiers die gestiegene Anzahl der Stammaktien ohne entsprechende Zunahme der Aktiva des Unternehmens. Die meisten Wandelpapiere sind gegen diese Möglichkeit durch eine Anti-Dilution-Klausel geschützt, die den Wandlungspreis im Falle einer Verwässerung senkt.

Vorfälligkeitsklausel: Bestimmung in einem Anleihevertrag, wonach die Rückzahlung des Nennwerts im Fall ausgefallener Zinszahlungen oder eines anderen „Verzugsereignisses“ als vor Ende der Laufzeit fällig erklärt werden kann.

Vorkaufsrecht: Das Recht von Aktionären, zusätzliche Aktien oder andere Wertpapiere (im Allgemeinen solche, die in Stammaktien umgewandelt werden können) zu kaufen, bevor diese an andere Käufer verkauft werden. Vorkaufsrechte werden Aktionären meistens nach den Gesetzen der Bundesstaaten gewährt, darauf kann aber in der Satzung oder durch Zusatzbestimmungen verzichtet werden.

Vorrangiges Sicherungsrecht: Sicherungs- oder Pfandrecht, das Vorrang vor einem anderen hat. Das vorrangige Sicherungsrecht braucht keine Hypothek zu sein.

Vorrangiges Wertpapier: Siehe „Nachrangiges Wertpapier“.

Vorratsvermögen: Umlaufvermögen, das die vorhandenen Bestände an Fertigerzeugnissen, halbfertigen Erzeugnissen, Rohstoffen und manchmal auch Hilfsstoffen wie Verpackungs- und Liefermaterial beinhaltet. Meistens zum Beschaffungswert oder zum Marktwert geführt, je nachdem, welcher Betrag niedriger ist.

Vorzugsaktie: Eine Aktie, die bis zu einem festgelegten Betrag Anspruch auf Dividenden (und/oder im Falle der Auflösung der Gesellschaft auf Vermögensgegenstände) hat, bevor die Stammaktie irgendwelche Ansprüche hat. Siehe auch „Kumulative Vorzugsaktie", „Nicht-kumulative Vorzugsaktie" und „Wertpapiere mit Gewinnbeteiligung".

Vorzugspapier: Eine Anleihe oder Vorzugsaktie mit Wandlungs- oder Beteiligungsrecht oder mit Aktienbezugsrecht.

Wandelanleihen: Anleihen, die nach Wahl des Inhabers zu einem festgelegten Preis oder in einem festgelegten Verhältnis in andere Wertpapiere gewandelt werden können. Normalerweise können sie in Stammaktien des Unternehmens gewandelt werden, manchmal aber auch in Vorzugsaktien oder gar in andere Anleihen. Der Inhaber ist in der Position eines Gläubigers des Unternehmens, und er kann von zusätzlichen Gewinnen profitieren, wenn das Unternehmen erfolgreich ist.

Wandelpapiere: Wertpapiere, die gemäß den Bestimmungen im Vertrag (Anleihen) oder in der Satzung (Aktien) gegen andere Wertpapiere eingetauscht werden können.

Wandlungspreis: Der Aktienkurs, der dem Kurs eines Wandelpapiers entspricht oder umgekehrt. Wenn beispielsweise eine Vorzugsaktie in drei Stammaktien gewandelt werden kann und 90 Dollar kostet, beträgt der Wandlungspreis der Stammaktie 30 Dollar. Kostet die Stammaktie 25 Dollar, beträgt der Wandlungspreis der Vorzugsaktie 75 Dollar.

Wandlungsrecht: Siehe „Wandelpapiere".

Warrants: (a) Stock Purchase Warrants oder Option Warrants, eine Art von Aktienbezugsrechten: das Recht, Aktien zu kaufen, das normalerweise länger besteht als beim üblichen Zeichnungsrecht von Aktionären. Häufig sind solche Bezugsrechte an andere Wertpapiere gebunden, sie können aber auch separat ausgegeben oder nach der Begebung von ihnen gelöst werden. Non-Detachable Warrants – also solche, die nicht gelöst werden können – können nicht getrennt von dem Wertpapier gehandelt werden, zu dem sie ausgegeben wurden, und sie können nur gegen Vorlage des Original-Wertpapiers ausgeübt werden. Option Warrants werden häufig im Rahmen einer Sanierung oder als zusätzliche Vergütung und Anreiz an Manager ausgegeben. (b) Eine Bezeichnung für gewisse Arten kommunaler Anleihen.

Wertminderung/Abschreibung auf Sachanlagen: Der Wertverlust eines Anlageguts durch Abnutzung, die nicht durch die üblichen Reparaturen ausgeglichen werden kann, oder der Wertverlust durch Veralterung des Anlageguts, bevor es vollständig abgenutzt ist. Buchhalterisch wird der Wert abgeschrieben, um die Kosten des Anlageguts gleichmäßig über die Zeit seiner gesamten nutzbaren Lebensdauer gegen den Geschäftsbetrieb zu verbuchen. (Wenn in einem Jahr in den Büchern mehr Abschreibungen für Abnutzung stehen als Reinvestitionen in Anlagen, kann man diesen Überschuss als „einbehaltene Abschreibung" bezeichnen.)

Wertpapiere mit Gewinnbeteiligung: Anleihen (sehr selten) oder Vorzugsaktien, die ein Anrecht auf Zusatzzinsen oder Zusatzdividenden haben, entweder in Abhängigkeit von (a) der Höhe des Gewinns oder (b) der Höhe der auf die Stammaktien ausgeschütteten Dividenden.

Zinsdeckungsgrad: Gibt an, welches Vielfache der Zinslast der Gewinn beträgt. Errechnet sich, indem man die (gesamten) Fixkosten durch den dafür zur Verfügung stehenden Gewinn teilt (entweder vor oder nach Abzug der Ertragsteuern).

Zwangsvollstreckung: Rechtsverfahren, um die Zahlung einer durch eine Hypothek gesicherten Schuld zu erzwingen, indem man die Immobilien, die als Sicherheit dienen, in Besitz nimmt und verkauft. Sie kann erfolgen, wenn Zins oder Tilgung des Hypothekendarlehens nicht bezahlt werden.